別傻了 這才是神戶

夜景・六甲山・西式點心……49個不為人知的潛規則

都會生活研究專案——著
葉韋利——譯

KOBE
神戸ルール

前言

「要說我師承的對象，那就是神戶吧。」

出生於神戶的創意版畫家，並且以描繪神戶街景作品集《神戶百景》聞名的川西英，生前曾這麼說過（神戶風月堂的迷你法蘭酥鐵罐上的版畫，出自他兒子川西祐三郎的手筆）。

感謝神戶散發的活力、新鮮及異國情調，長期激發川西大師的創作靈感，持續描繪這個城市。沒錯！這也可以說是神戶人對於鄉土熱情的表達方式。神戶人平常看起來大而化之、率性而為，但在某方面卻絕不馬虎，那就是對這座城市的熱愛。因此它們經常擺出「再多表現一點也無妨」的自信從容……。

也難怪神戶人會不自覺地充滿自信，因為這個城市無須川西大師多言，本身就如同畫作一般——面向大海，宛如雙手伸展的開闊街道，後方還橫躺著翠綠的深山。山海間分布著許多神戶獨特的景點，瀰漫著濃濃的異國氣息。走在這些街道上的男男女女，看起來都好時尚，就連掛著「神戶車牌」奔馳的汽車看起來也特別帥氣……!?

話雖如此，神戶並不是高高在上、完全不食人間煙火的。作家田邊聖子在她的著作《歲月車票》中稱神戶是「新興庶民都市」，以坦率真誠的庶民文化為根基，塑造出神戶開放的風氣。或許是接近大自然，加上開闊的地形，即使街道的氣質走古典高雅路線卻不會太沉重，瀰漫著一股「輕鬆」、沒有束縛的氣氛，讓外來的人隨時都能輕易輕鬆融入。

這方面可能也受到歷史因素影響。神戶這座城市是由來自各個地方，擁有多樣背景的人聚集而成。沒有開口閉口「身為神戶人就應該如何」的在地耆老，也沒什麼非得遵守不可的傳統。加上摻雜了異國文化與氣質，孕育了自由開放，沒有太多限制的獨特氣氛。反過來說，或許在沒有歷史傳承的自我意識之中，城市現有的面貌以及後天塑造的神戶景致，對神戶人來說才是「希望永遠不要改變」的珍貴傳統。

本書將兼顧神戶的開放與保守性格，簡單介紹神戶人大而化之與時尚的生活習慣。希望能讓其他地區的人當作參考，了解這個地方以及當地居民的性格，另外，也能讓土生土長的神戶人，藉此尋找自己對鄉土的熱愛與內建在血液中的神戶DNA。

都會生活研究會代表　大澤玲子

目錄　別傻了　這才是神戶

購物篇

Kobe Rules

飲食篇

Kobe Rules

街景篇

Kobe Rules

語言・人際關係篇

Kobe Rules

生活百匯篇

Kobe Rules

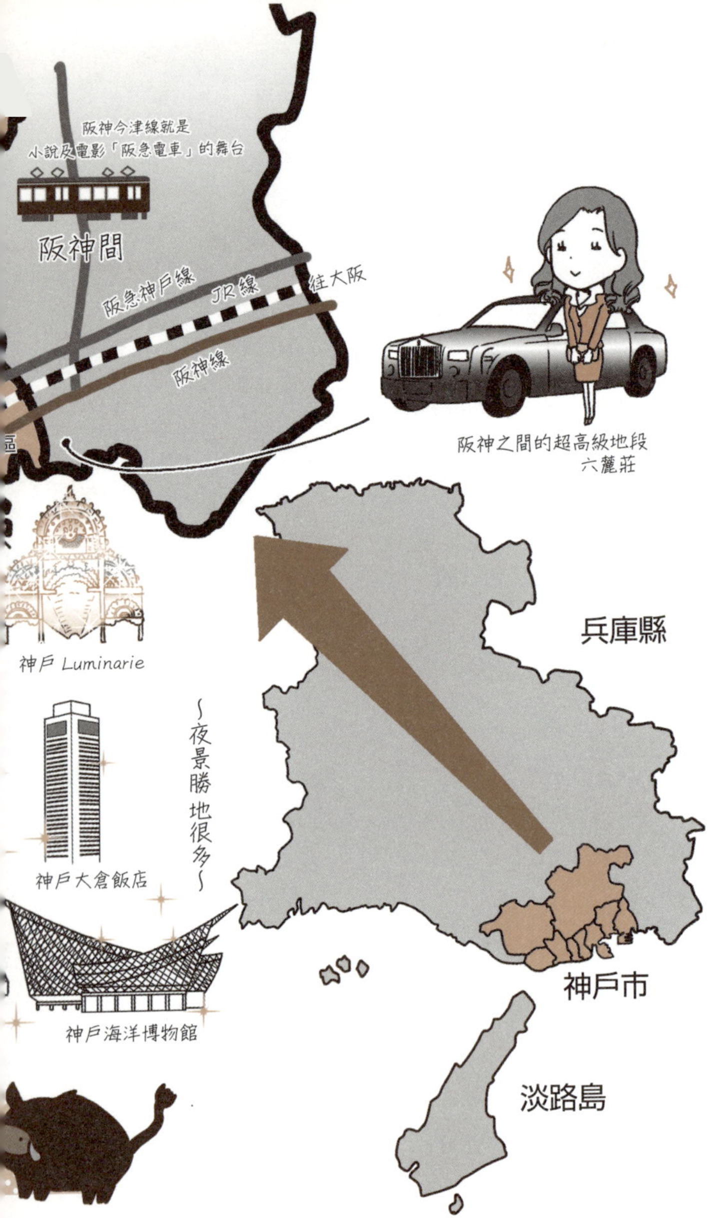
阪神今津線就是
小說及電影「阪急電車」的舞台
阪神間
阪急神戸線
JR線
往大阪
阪神線
阪神之間的超高級地段
六麓荘
兵庫縣
神戸 Luminarie
~夜景勝地很多~
神戸大倉飯店
神戸海洋博物館
神戸市
淡路島

山側
海側
從六甲山天覽台
可以看到無敵夜景！
是約會勝地
有馬溫泉
北區
一出隧道就發現
北區下雪啦！
灘區
神戶葡萄酒的故鄉．農業公園
西區
時尚地區
三宮＆元町
中央區
新市鎮．學園都市
兵庫區
須磨區
長田區
往姬路
垂水區
玉筋魚 GO!GO!
長田B級美食
世界最長跨海吊橋
明石海峽大橋
夏天人擠人的須磨海岸
往淡路島
還看得到聳立的
鐵人28號！
須磨海濱水族園
神戶港
神戶美利堅公
東方飯店

宜居城市第一名！神戶地圖

Kobe Rules

交通篇

購物篇

飲食篇

街景篇

語言．人際關係篇

生活百匯篇

潛規則1

偏愛「阪急maroon」

「一看到maroon的列車就覺得真放心。」「就是要那個maroon才是阪急。」

不管是喜歡交通工具的男孩，還是長久以來住在沿線附近的居民，在神戶有很多人偏愛阪急電鐵。問到原因，最常出現的關鍵字就是「maroon（紅豆色）」。

maroon指的是阪急線列車傳統的紅豆色，這種帶有特殊光澤的顏色也稱為「阪急maroon」。初來乍到神戶的人就算狀況外，也千萬不能說「那個羊羹色？」

此外，車廂裡以木紋為基調，座位是墨綠色。這種充滿了懷舊感的經典設計，與當地沉穩的街景是不是很搭調呢。**過去阪急電鐵曾經討論過要變更列車的顏色，但是立刻遭到沿線居民的反對**，那種色調顯然已經成了神戶代表的一景!?以阪急今津線為舞台的小說《阪急電車》成功引發話題討論，其改編電影隨之熱賣，據說電影賣座的原因除了原著大受歡迎之外，畫面中的列車也發揮很大的效果。

阪急列車也大大影響了鐵路沿線風景。事實上，根據日本人力資源公司瑞可利（RECRUIT）旗下的不動產・住宅網站「SUUMO」調查，二〇一二年日本人心目中最想居住的電車沿線地區排行榜，阪急神戶線沿線榮登關西地區的冠軍寶座。阪急寶塚線也進入前五名。阪急集團創辦人小林一三一手統籌的住宅經營，以及設立寶塚歌劇團（最初合唱團是在由「寶塚新溫泉」的室內游泳池改建成的劇場裡唱歌）等品牌策略實在太厲害！

在三宮到阪神間（神戶與大阪之間的地區），從台地依序有阪急（神戶線）、JR、阪神電車三條路線並行，這個地區也號稱是時尚感&上流社會的指標。

只不過，這種偏愛阪急的傾向在神戶東區比較強烈，對西區的人來說「其實都差不多」。因為兩條電鐵路線一起進入神戶的新開地，阪急與阪神的列車還並列在同一個月台。一九五八年成立的神戶高速鐵路介入其中，但該公司只擁有路線跟車站，卻沒有車掌人員以及自家公司的列車，根本是個怪怪的（？）鐵道公司。

關西有私鐵王國之稱。光是一個小小的神戶，就有從市外進入的阪神、阪急，另外還有山陽電鐵、神戶電鐵，一共四條線，但每條線的總站都隔得很遠，對民眾來說稍嫌不便。神戶高速鐵路誕生的目的，據說就是要解決市區交通的不便。

對於阪急紅豆色如此珍惜守舊，另一方面在基礎建設上竟然史無前例地大膽規劃！或許這也是這塊土地不怎麼受到歷史束縛的表現吧。只不過，有些阪急線上的車站名稱與阪神線上的一樣，但兩者的車站卻距離很遠。剛到神戶的人要留意，別弄錯了。

※ 寶塚人（takarajennu），就是寶塚歌劇團的團員（一般稱「學員」）。在簽訂演藝人員的合約之前，都被視為阪急電鐵的員工。

潛規則2

就便利性而言要選JR

在潛規則一裡引用的排行榜還有後續。除了「最想居住的電車沿線地區」之外，還有「居住後覺得環境很好的電車沿線地區」排行榜，在後者當中，JR勝過阪急，奪得冠軍。

其實，比較前面提到的三條路線，在三宮─梅田之間移動最迅速的就是JR，對於要前往大阪通勤的人來說最方便（到京都也很快）。此外，比起車站周圍是寧靜山區的阪急沿線，JR周邊以南的地區相對熱鬧。這是因為……即使有高級超市「ikari」，在寧靜山區也很難滿足爸爸們「下班回家前到車站附近小酒館先喝一杯」的樂趣嗎!?另外，如果不是「隨時有私家車接送」（上流社會），住在山區每天得上下坡會很辛苦。當初一時受到優美景觀的迷惑，就搬到台地區域真後悔……在居民口中經常聽到這類的事。

順帶一提，就車站的數量來說，阪神電鐵最多。因此，看不起阪神、JR的阪急派，經常有類似的揶揄：「阪神擠得亂七八糟的」、「根本從月台就能看到下一個車站了吧」。但據說那是因為阪神的開發理念就是要作為輕軌列車，讓市民當成代步工具。

難道阪神才是小市民的靠山嗎!?「在阪急上的小孩子只是稍微吵鬧，就有很多裝模作樣的人皺起眉頭。」經常聽到阪神愛好者這麼說。此外，平常都逛阪急梅田這類高級百貨公司的神戶貴婦，如果要逛地下街就會前往平價路線的阪神百貨，看到特價也會眼睛一亮……在保持身為神戶人的矜持同時，也會重視得失的合理性！這是新興都市神戶的關西DNA。

潛規則3

山幹→二國→四三

Kobe Rules

神戶是個「很明白易懂」的都市。從第八頁的地圖即可看得出來，就方位來說也很清楚，北側是山，南側是海。主要幹道與電車都朝東西向並行，可以說根本不需要汽車導航（不過太掉以輕心，可是會在西區或須磨區的山間迷路……）。掌握了簡單明瞭的交通環境之後，外來客至少要聽懂的一句「行話」（？）就是「山幹→二國→四三」。這些都是簡稱，從山區一側依序是山手幹線（從計畫階段經過六十四年，終於在二〇一〇年通車）、國道二號線（在須磨、垂水一帶永遠塞車）、國道四十三號線（在大阪－神戶這段稱為「第二阪神國道」，也有人稱這條路才是二國）。

這幾條公路就跟電車一樣，於阪神之間幾乎並行，在日常對話中也經常被當作某種尺度標準。例如，神戶在六甲山一帶不時有人看到山豬出沒（潛規則二十四）——「跑到『山幹』附近的話倒是稀鬆平常。」不過，「過了『二國』還看到的話就勁爆了！」再下一個階段，就會說「在『四三』上看到大山豬帶著山豬寶寶！」聽到這樣的消息時，「這根本是大獨家吧？」帶著一點懷疑和驚訝的態度才是正確的表現。

順帶一提，二國從東灘到西宮附近這段路上，公路兩邊都是拉麵店，因此有「拉麵街」之稱。在這裡竟然也常會看到帶著小公子來吃拉麵的神戶貴婦!?另外，二國沿線有一間當地人不可不知的隱藏版冰店「鈴木商店」，也大受歡迎！想要在美食之都神戶盡情享受開車兜風的樂趣，也要先掌握這些飲食資訊。

潛規則4

留意姬路車牌（也要小心和泉的）

對於想要享受在神戶自駕樂趣的外地人，有個一定要留意的忠告：「知道嗎？開車時遇到姬路車牌要小心哦！」(by神戶人)

在這裡先將討論範圍放大到整個兵庫縣來說明……令人意外的是，全兵庫縣只有「神戶」和「姬路」兩款車牌。神戶車牌的範圍包括神戶市，與鄰近的明石、三木、蘆屋、西宮、尼崎等，以及淡路等二十一個區域。相對地，姬路車牌則涵蓋了姬路、相生、豐岡、朝來、加古川等十七個地區。

本書之後會說明到，兵庫縣是個充滿多樣性的地區，無法用「單一的縣民特性來概括」。那麼，光用兩組車牌就要概括這個地方不會太勉強嗎!?此外，這兩組車牌好像在很多地方都呈現強烈對比。

首先，神戶車牌帶有一股強大的品牌力，在日本全國受歡迎的程度不亞於「品川」、「橫濱」車牌。此外，由於發放神戶車牌的涵蓋區域包括阪神間的高級住宅區，特色之一就是進口車的比例很高。據說這些車主生活過得從容閒適，使得神戶車牌的車在路上相對守規矩、有禮貌(不過，要是看到燻黑車窗的賓士車就得特別留意……)。

另一方面，農漁業盛行的丹波、淡路地區，隨處可見到掛神戶車牌的小貨車！兵庫縣北面日本海、南向瀨戶內海，從山區延展到海岸、平原地區，簡直就像是「日本的縮圖」。

那麼，姬路車牌又有什麼特色呢？很遺憾，似乎無法擺脫「飆車族很多」、「開車不守規矩」這些負面形象。「在高速公路上要是開得稍微慢一點，就會馬上被姬路的車超過去！」受害的苦主經常如此抱怨。然而，也有另一種聲音：「不，神戶車才真是令人意外地兇狠」或是「其實大阪的和泉地區才……」（指六甲山一帶的再度山車道，以及過去關西飆車族常聚集的幾個地點）。其實就跟兵庫地區的尼崎差不多（沒禮貌！），姬路也給人這種輕浮的飆車族印象……。

或許是為了想扭轉這種嚇人的印象吧？姬路方面推出一款非常可愛的車牌版本。125cc以下的機車使用的是姬路當地的車牌，圖案是象徵姬路城的吉祥物「白丸姬」。在名列世界遺產的姬路城周邊，對這些小節也特別用心！然而，也有不少人表示「車牌上的圖案太可愛，跟機車實在不搭」，於是自二〇一二年開始又出現一般款式的車牌供車主選擇……。

此外，「希望自己的市能有新款的車牌（而不用姬路的車牌）」、「尼崎地區根本不該使用神戶車牌」（!?）等，從神戶往四面八方看，整個兵庫縣各地對於車牌私底下都有自己的一套主張。這也充分展現自古由五個國家集結而成的地方特性（見潛規則三十四）。車牌一事，真是說大不大，說小也不小……。

在下是千代田次郎
出身東京，
在神戶唸書時認識了
神戶出身的神子，
我們今年結婚了
正值新婚
我太太
非常時髦，
長得又好可愛
我的夢想，
就是結婚以後，
在山區買一棟房子，
每天都能看夜景
為了太太的夢想，
我辦了三十五年的貸款
在山區買一間房子。
眺望窗外，
有山，有海
到了晚上
當然有美麗夜景
這才是神戶生活
的最高境界啊！
但是……
啊～
比起工作，
爬坡更累人…
喘
噓
家
※還因此瘦了
五公斤。

潛規則5

上山、下海，飛上天……

Kobe Rules

神戶有兩個人工島，一個是神戶港島（簡稱港島。一九八一年神戶港島博覽會PORTOPIA '81舉行的地點，此舉也開啟地方博覽會的潮流。有點年紀的神戶人都會哼當年Godiego這個團體唱的活動主題曲「POR～TO～PIA」），另一個就是六甲島（簡稱六島）。

在海與山之間的狹長地帶，為了開發工廠及住宅用地，剷平了山地建設住宅社區，再將土石填海形成人工島嶼。這項都市開發以「上山下海」的名稱在日本全國聞名，更在二〇〇六年於南岸誕生了神戶機場。其腹地四周被大海包圍，是個符合神戶形象小而美的機場，但在催生過程中發生了阪神・淡路大地震，也曾面臨各種反對運動，一波三折。

有趣的是，其實到現在還有神戶人搞不清楚「真的有那個機場嗎」？原因是它與伊丹機場（大阪國際空港）、關西機場距離都非常近，而且神戶機場跑道太短無法起降國際線班機，還有禁止夜間飛行等規定使然。但另一方面，也有人認為它「比想像中更方便」。尤其搭乘廉價航空Skymark公司的班機比搭新幹線還便宜，早上的班機總是擠滿商務客。

事實上，講到跟國內線班機競爭的新幹線，也有人認為「新神戶站好遠……」。雖然距離三宮地下鐵只有一站，但位處靠山一側，四周有點冷清、不便。對於住在阪神間的神戶人來說，無論車站的便捷性或從班次較多的考量，絕大多數都選擇「從新大阪站搭車」。

就連交通工具的使用方式都帶有這種「風格」……這也是多元都市神戶才有的特色。

潛規則6

不太騎（是不會騎）腳踏車

過去在同一系列的《別傻了 這才是沖繩》一書中提到——不會騎腳踏車一點也不稀奇——這項令人震驚(？)的事實。原因是一來在腳踏車還沒普及時，汽車就已經成了家家戶戶的標準配備，再者身處慵懶南國的人多半認為「在大太陽底下騎腳踏車好累哦～」然而，神戶在腳踏車方面的落後，竟然一點都不輸給沖繩!?

原因很單純，就是「上坡太多啦！」神戶的地形特殊，辦公大樓所在的商業區後方(北側)就是海拔一千公尺的六甲山山地。難怪超過五成的人，很少騎腳踏車代步的原因就是「上坡太辛苦了，騎車好累」(根據二〇〇九年神戶市調查)。進一步深究，更發現將近六%的人是「不會騎腳踏車」……果然啊(順帶一提，過去在阪神．淡路大地震之後有一段時間因為基礎交通建設遭到破壞，練習騎腳踏車的神戶人增加了一些)。

這幾年來雖然在講求健康的單車風潮下，騎腳踏車的人有增加的趨勢，但根據二〇一〇年神戶市的調查，在市區移動時主要的交通工具依舊是鐵路與汽車，各占二七．四%，兩者加起來就過半，腳踏車仍然最少，只有三．四%。與同樣是關西地區、腳踏車比例(暴衝腳踏車&廢棄腳踏車率)超高的大阪、京都比較剛好相反。

因此，如果在其他地方都是騎腳踏車通勤的人，萬一要搬到神戶，最好看看自己平常的活動範圍。如果是南北向的移動，去程與回程所花的時間與步行相較(朝北都在蛇行……!?)會差很多，要先有心理準備。

就連學生也不例外，神戶有很多學校都在半山腰，跟其他地方比起來，騎機車或搭公車的通勤比例（貴族學校的話就是搭計程車&進口車接送比例）也高一些。至於刻意騎腳踏車的，多半就是喜歡挑戰爬坡，或是活躍的單車愛好者。

橫向行動雖然輕鬆，縱向卻累得半死！要記得這是在神戶騎腳踏車會遇到的狀況。

Kobe Rules

交通篇

購物篇

飲食篇

街景篇

語言．人際關係篇

生活百匯篇

潛規則7

（以前）購物就到「CO・OP桑」

在中華街外帶叉燒；到「元高」（潛規則九）看看二手唱片；脫離「二國」壅塞的車陣到須磨海水浴場——在一部描述主角從東京到神戶唸大學的漫畫《神戶在住》之中，很寫實地描繪了在神戶的習俗及日常生活。對剛接觸神戶的人來說，是一本了解神戶（人）的理想入門書，其中也提到神戶的日常一景，「到生協『CO・OP桑[1]』購買食材及生活用品」。

不過這裡說的「CO・OP桑」並不是類似學校福利社的大學生協，而是「生活協同組合CO・OP神戶」[2]，當地人簡稱「CO・OP桑」。提到在神戶購物，絕對少不了這個地方。

「生協？不是日本全國到處都有嗎？」可能有人發出會這樣的疑問。不過，在神戶，大家會特別加上「桑」[3]這個尊敬的稱謂，表示對神戶居民來說，生協的滲透程度與重要性都和其他地方大不相同。在其他地方講到生協，難免有種單調、簡陋的形象，但神戶的生協卻獲得不少名流貴婦的喜愛。

其實神戶也是生協的發源地。大正時代，由於急速的通貨膨脹，導致物價飆升，位於神戶的川崎造船所（後來的川崎重工）員工組成了「購買組合」，就是日後生協的原型。當時一位出身當地的基督教新教思想家賀川豐彥，對此提出建議，於是到了大正十年（一九二一），日本第一個由市民成立的生活協同組合「神戶購買組合」就此誕生。實體店面開張之後，還出現了由業務騎腳踏車挨家挨戶推銷的銷售模式，這也是日後個人宅配的原型。

一個月後，地處高級住宅區的東灘區住吉也在賀川的建議下成立了「灘購買組合」。這是由關西財經界名人掛名，提供富人階級服務的團體，但在昭和三十七年（一九六二）兩者合併，成為「灘神戶生活協同組合」（也就是現在的CO・OP神戶）。

因為這兩個調性不同的生協合併，使得神戶的生協消費者群相當廣泛。在不容易出現大型店面的神戶，以「CO・OP mini」等經營模式取得先機，成果卓著。原則上由社員兼消費者來營運的這種方式，對於很講究的神戶消費者來說特別適合。此外，昭和四十二年（一九六七）出現了「住吉戰爭」（在灘神戶生協的大本營住吉地區，出現了大榮超市，從此兩者持續了長久的攻防戰）之後，與同樣以神戶為根據地的大榮超市互相切磋、競爭，也帶來進步的成果。

由於有一群人往大榮超市靠攏，認為「有便宜貨可買，沒什麼不好啊」。於是有些人雖然繼承上一輩「CO・OP桑令人放心」的觀念，但偶爾也會為了精打細算而倒戈。除了大榮超市，相繼出現的關西超市、大阪地區的KOHYO、加古川的Maruai、分布日本全國的AEON MALL、MaxValu等，競爭愈來愈多，不少人會換到附近更方便的店家消費。

尤其在近郊的神戶三田PREMIUM OUTLETS大受歡迎之下，趁勢拓展的神戶北AEON MALL，以及其他大型店鋪陸續增加。在這場超市激戰之中，代表神戶一景的「CO・OP桑」是否還能發揮昔日威力呢!?

我是CO．OP的守護神「CO．OP桑」
打從CO．OP誕生以來一直到現在
都是靠神戶要求嚴格的消費者栽培
非常努力希望能對眾人有貢獻
千萬不能問淑女年齡
過去我會騎腳踏車挨家挨戶拜訪客戶
也接受客人量身訂做西裝
組合員証
CO·OP
只要出示合作社員證在美術館、水族館電影院等設施都能享有折扣的優惠！
最近來了很多年輕的守護神，街上的狀況也改變了不少…
我是從關東地區搬來的AEON～
呵呵
哈哈
嘻嘻
……
但我覺得要講到「神戶風格」還是非我莫屬
為了不輸給其他守護神
我要提升品味！
往後也請多多愛護我

潛規則8

在假日，母女結伴到三宮・元町閒逛

Kobe Rules

談到神戶的日常購物，還有另一個重要的關鍵字就是「母女結伴」。

在神戶，單身女性不像在東京或大阪，多半獨居，反倒是跟父母同住的比例很高（京都也一樣）。因此常會看到母女結伴外出購物，就像好朋友一同出遊般。她們的經典逛街路線就是從三宮穿過中央街，再晃到元町的大丸神戶店或舊居留地。尤其近來舊居留地的名牌精品店和時尚咖啡廳廣受大眾喜愛，讓這一區儼然成了神戶女性集散的大本營。

其實三宮到元町只有徒步約十分鐘的距離，不過這兩個地區的角力關係常會隨著時代變化。過去元町到新開地這一區可以說是神戶洋派人士的象徵。大正中期，日本第一間能穿著鞋子走進的百貨公司「白木屋」，就座落在新開地。然而，之後勢力移到交通與商業中心的三宮──一九三三年開幕的SOGO神戶店成為當地最大的百貨公司，大榮百貨也以三宮為中心，拓展分店。而改變這股趨勢的，就是一九九五年的阪神．淡路大地震。一九九七年，災後重新開幕的大丸致力將各大名牌精品拉進舊居留地區內的其他大樓，「從點到面」的戰略奏效，元町又恢復了人潮。

話說回來，SOGO擁有位於三宮站前這項最強大的優勢，因此仍然有很多死忠的擁戴者（二〇一三年為創業八十週年）。在大阪．梅田的百貨公司大戰打得如火如荼之際，神戶也有郊區的Outlets與市區精品店，悄悄掀起新一波戰爭。

潛規則9

從元高愈往西走
愈別有洞天

Kobe Rules

如果說三宮、元町這些地方的百貨公司與名牌精品店，是神戶日常購物的主流象徵，那麼，次文化代表就是高架橋下了。這裡是指從JR三之宮站(只有JR不叫「三宮站」而多了「之(ノ)」)到元町站之間的三宮高架橋下(Piazza kobe)，還有元町到神戶站之間的元町高架橋(元高)下。

狹窄的通道上，兩旁擠滿了一整排賣衣服、鞋子、玩具、飾品的小店，氣氛令人聯想到東南亞的市集。這裡其實很符合神戶人的作風，可以尋找合乎自己品味的小店。就連現在習慣到大丸百貨的神戶人，多半也曾經是這裡的愛好者，年輕時都會到這裡來找生活雜貨跟鞋子。

不過，同樣都在高架橋底下，Piazza kobe與元高卻有著截然不同的氣氛，顧客族群也不一樣，要特別留意。Piazza kobe大多是主打年輕客層的個性小店，或是進口精品店，走乾淨明亮的路線。相對地，元高龍蛇混雜，客層也比較特殊、另類。

此外，同樣是元高還分成七個區塊，愈往西側愈帶異色。從東側依序自一番街(元町高架一)到三番街(元高三番街)附近，女孩子隻身一人走都還不要緊。世界咖啡師大賽冠軍所開的當紅咖啡專賣店「GREENS Coffee Roaster」，還有超有名的運動鞋converse專賣店「柿本商店」，也都在二到三番街這一區。

不過，愈往神戶站走，愈多賣二手貨的店，像是「MOTOKO4花隈南商店街」、「元高

FIVE」、「元高城6繡球花街」、「元高7番街」（怎麼連街道名稱都參差不齊……）而且乍看之下都是如破銅爛鐵的電器跟家具，令人不禁好奇「誰會買啊？」就連店家的大叔老闆看來也都懶洋洋的!?

來到這裡難免會心生挫敗，興起折返的念頭，但是這裡過去可是有很多外國船員跟觀光客，特地跑來尋找傲視全球「Made in Japan」的產品呢！「搞不好會挖到什麼厲害的寶……」抱著這種冒險的心態往前走也別有一番樂趣。

事實上，這裡有可能找到罕見的珍藏版唱片或是古董，提心吊膽跟老闆對話的刺激感也讓有另類喜好的消費者難以抗拒。有機會應該挑戰一下，當作鍛鍊神戶風格的進階（？）練習，找出只適合個人的寶物。

聽說元高那一帶雖然很另類，不過好像也賣很多好玩的東西要不要去逛逛？
欸
欸
※大學時期
呃…要一直過去到西側嗎…
有我在，沒事的!!別怕
神子也從來沒去過吧？
蛤—
モトコー5ファイブ
MOTOKO FIVE
好…暗…
……
……
哇～怎麼好多東西看起來都跟破銅爛鐵一樣啊
窸窣
哇呀!!
小兄弟你好
欸～～
好可愛!!
簡直挖到寶了!
沒想到竟然在這一瞬間看到神戶女孩沉著鎮定的一面…

潛規則10

喜歡精品小店&鮮為人知的店家

Kobe Rules

前面介紹了百貨公司、高架橋下等各種類型的購物好去處。不過，要是不知道一些散發異國情調、品味絕佳的個人小舖，就稱不上全面了解這個地方的購物概況唷。

以往在三宮中央街上有很多這類舶來品生活雜貨店，但讓很多有點年紀的神戶人懷念的，是現在已經歇業的「Miichan」。整間店裡擺滿了進口的飾品、化妝品，還有外國的零食，據說還是「全神戶店員臉最臭」出了名的店。不少人應該還記得在被大罵「不准摸！」的同時，一邊挑著髮夾，或是選購零食的情景。

近年來受到神戶女孩喜愛的店家則在榮町、乙仲、海岸大道一帶。榮町大道在明治・大正時期，銀行、證券公司林立，有「東洋華爾街」之稱。乙仲、海岸大道這一區則是許多海運相關公司的大本營。現在乍看仍是一整排冷冰冰的鋼筋水泥大樓，但走進巷弄內卻別有洞天。有許多小店擺滿了進口飾品、平價可愛路線的服飾、少女風格的生活雜貨等。充分運用懷舊氣息的新裝潢，店門口的招牌都很低調，展現了神戶自然不做作的風格。

這股神戶特有的品味，就像過去Miichan常客說的：「當初就是在那裡培養出挑東西的眼光呀」。這也可說是環境使然，打從神戶開港以來，神戶人代代培養出「舶來品鑑定家」的DNA。就算偶爾會到大阪、梅田逛逛，但神戶人始終「喜歡展現老闆風格的小店」。想要成為正港神戶人，就該來這類精品小店鍛鍊一下自己的時尚DNA！

潛規則11

不盲從流行&（乍看）不過於誇張

Kobe Rules

據說神戶高中女生的裙子是日本最長——這可不是都市傳說，而是事實。過去在東京掀起一陣高中女生的迷你裙旋風，一下子就蔓延到其他地區，在出現泡泡襪之後，制服裙子也愈來愈短。不過，神戶女孩卻沒跟隨這股風氣。

尤其分布在阪神間的幾間名媛千金就讀的私立女校，抵抗這股潮流的現象愈明顯。迷你短裙反倒讓她們覺得「真沒格調～」。就算腳上套著泡泡襪，依舊穿著下襬長長的制服裙，而且一定會提著「Familiar」的包包(見潛規則四十三)。僅見於神戶的高中女生裝扮就此誕生。

沒錯！神戶存在著不同於東京的品味，而且即使同屬關西地區，也有別於大阪與京都，自成一格的神戶時尚。女性的話，走的是稍帶華麗的休閒風，或是略微保守。就算是同一個品牌，跟大阪或東京相較之下，裙子、洋裝，或是帶有蝴蝶結與蕾絲這類俏麗的款式多受歡迎。這就是典型的神戶時尚嗎!?此外，看似隨興搭配展現季節的單品或小飾物，更顯現出神戶女孩的講究。

至於配色，與其說單一色系，倒不如說是以原色系為主流。對於大阪的中年女性穿著，神戶女孩會覺得「誰要穿那種像爬蟲類的衣服啊！」另一方面，卻也不像京都那麼成熟穩重。就像配合神戶市中心的街景一樣，神戶人喜歡不刻意修飾，不裝模作樣的時尚打扮。

話說回來，神戶人其實在打扮方面下了很重的本錢。光比較先前提到的關西三個地區，每戶人家全年平均花在服飾、鞋子的支出金額（根據二〇一〇年各地區的總務省家計調查），大阪為十二萬二五六七圓，京都為十五萬一八〇一圓，相對地，神戶是十五萬二一三三圓。如果只算衣服的話，大阪是五萬三四四四圓，京都是六萬一七六圓，神戶則是六萬五四二〇圓，穩居冠軍寶座（日本全國平均＝五萬七三八三圓）。看得出來這個地方的人雖然討厭暴發戶的沒格調，但遇到品質好的東西也很捨得花錢。

在反映這樣的地方風格下，神戶也有很多當地獨特風格的成衣公司，包括「World」（最有名的是在國際會議廳舉辦的大型特賣會）、「JavaGroup」，童裝的話，有前面提到的「Familiar」（在神戶要送童裝當禮物的話，絕對要買以「滿滿的愛且高品質」的「Familiar」為首選）等。此外，有句話說「神戶人為了鞋子傾家蕩產」，事實上，西側長田區的合成皮鞋，還有東灘區的皮鞋生產（西側的合成皮，東側的真皮），兩者都非常有名。

話說回來，神戶在歷史上也是最早接受洋裝的地區，有「日本近代西服發源地」（東遊園地一隅還立了紀念碑）之稱。過去在一九七三年神戶曾經發表「時尚都市宣言」，企圖將經濟發展重心，從原先的造船、鋼鐵等重工業轉移到軟性產業上。

再怎麼說，神戶仍有它一定的地位，就連唯我獨尊的大阪人和京都人，也會認為「到神戶去可不能穿得太隨便！」對於這個眾人公認的「關西時尚領袖」，必須一同致上敬意！

Kobe Rules

交通篇

購物篇

飲食篇

街景篇

語言．人際關係篇

生活百匯篇

潛規則12

麵包購買金額為日本第一！

三萬七六五五圓，摘下全國冠軍！這是神戶人一年購買麵包的平均金額（根據二〇〇九～一一年調查）。這幾年雖然把冠軍寶座讓給京都，但無損神戶身為洋式上流社會的先驅地位。

如果解析歷史會發現……當初神戶開港的隔年，就為了居留的外國人開了一家麵包店。一九〇五年印刷業者藤井元治郎聽到三菱重工開設了神戶造船廠，看準外國技師的需求，於是開了「藤井麵包店」。這就是後來的「DONQ」（店名的靈感來自唐吉軻德Don Quijote），至今仍是廣受歡迎的老牌名店。其他還有被NHK晨間劇「風見雞」當作藍本的「FREUNDLIEB」（已故的吉田茂每天運送麵包），掌握這股潮流的岡本的「Furoindou」，以及受到神戶市「MEISTER」認證的「ISUZU BAKERY」等多家老字號。（但全國知名的「神戶屋」其實是大阪的公司。）

那麼，哪一家的麵包最受歡迎呢？這答案會因為人&區域而相差十萬八千里。反過來說，每個地區都有好幾家出名的麵包店，而且都會有死忠的消費者，標榜著「我是〇〇（店名）派」。另外，也有人依照用途來區分——「給小孩吃的到A店買」，「當主食的在B店買」。

另一方面，有人到了發薪日之前會說：「因為沒錢，就不買XX店的了」然後改買超市裡的平價麵包，這也會勾起有些人對兒時窮困刻苦的記憶。

由此可知，在神戶這個地方的麵包係數跟家家戶戶的經濟有很深的關係。就算住到其他地方，也會一一尋覓住家附近好吃的麵包店……這就是神戶人喜愛麵包的天性。

潛規則13

家家戶戶都有神戶風月堂的法蘭酥小罐

Kobe Rules

就算是平時不太接觸甜點的大叔，要是不知道一兩間美味的蛋糕店，這種男人就太無用了!?這是身為神戶人該有的內涵，也是成熟大人的社交要件。

畢竟這裡每一戶全年的蛋糕消費金額可是日本全國第二名，西式甜點更是拔得頭籌（根據二〇〇九～一一年的總務省．家計調查）。兵庫縣的西式甜點協會加盟數量在全國名列前茅，在神戶、阪神間更有巡迴各個知名甜點店的甜點觀光巴士與甜點計程車。

西式甜點興盛的背景也跟麵包一樣，深受神戶歷史的影響。一八八二年，神戶西式甜點的發展序幕，就從對居留地外國人銷售西式甜點的「二宮盛神堂」（元町）開幕後展開。接下來是跟現今同在元町大道三丁目的正統西式甜點創始店「神戶風月堂」的開幕。然後是住在神戶的外國人所開的「JUCHHEIM」、「Goncharoff製菓」、「Morozoff」也陸續登場。跟其他地方不同的是，這裡不是由外國進口，而是真的由居住在此的外國人醞釀形成的西式甜點文化，在正統性方面當然無庸置疑。

因此，在神戶接受招待時，西式甜點出現的頻率很高。還有人說，神戶無論什麼人的家裡，一定能找得到神戶風月堂裝法蘭蘇的小罐子（除了川西祐三郎製作的神戶風景版畫系列外，還有阪神老虎的版本）。另外，Morozoff的布丁搭配麥茶一起端出來的情景也不稀奇!?……聽說是這樣。

另一方面，Henri Charpentier（一般簡稱Henri）、Konigs-Krone（跟Krone是同一家店）這些雖

然是日本全國知名的牌子，但伴手禮如果挑這裡百貨公司地下街就找得到的牌子，「未免太掛不住面子」。這就是西洋甜點先進國居民該有的認知。「追求高級質感的話，就要挑御影高杉。」「TSUMAGARI的餅乾雖然也能在百貨公司地下街買到，但蛋糕的話就只有甲陽園本店有唷。」「在元町要邊走邊吃的話，中式小點還不如Est Royal的奶油泡芙。」類似這樣，能更妥善根據對象、產品、用途等明確區分才行。

不僅如此，偶爾也會有人對已經不在的店感到懷念，「Cosmopolitan的巧克力好好吃哦～」（被趕出Morozoff的Valentine Morozoff成立的巧克力公司，已於二〇〇六年歇業），同時也會對現有的店家提出看法：「會不會覺得Henriy在全國展店之後味道退步了？」「es koyama是不錯啦，但好像沒有好吃到需要排隊啊……」就像這樣，神戶人即使面對主流名店，也同樣嚴格批評。

話說回來，神戶人其實很有彈性，面對東京人還是會很開心配合對方：「東京有很多好吃的甜點店呀。」不過，要是真的傻傻地附和，可就危險了!?其實神戶人的內心深處對西式甜點採取高標準，有著無可動搖的自信……

由此可知，外來的人要是送神戶人西式甜點，可是會被用高標準來評斷。要是不太有自信，建議還是避開比較好吧!?

我叫京江戶子 東京都出身
現在跟出身京都的先生住在京都
我前陣子回東京——
真的啊——
我跟最近認識的神戶人神子小姐當了好朋友
我跟妳說～!!
我買了東京的日式甜點當伴手禮，送給我婆婆
微笑
她說東京的紅豆餡用料實在，又甜又鬆軟～
欸～
這……
明明很好吃啊
這就是京都人很會的挖苦人吧 江戶子，真難為妳了
我也帶了東京的伴手禮給妳～這是現在很流行的甜點唷！
我覺得東京還是最棒啦!! 種類又特別多，讓人看著心情也跟著好起來～
給妳！
……
…「就是說啊。東京的甜點呢」
「真的很好吃嘛——……」
……
驚
呃，這股氣氛……神子該不會是挖苦我吧？

潛規則14

不太去南京町吃中菜

Kobe Rules

神戶由於歷史的關係，出現了西餐以及世界各地的異國料理。其中神戶人打從過去就熟悉的是中菜。一聽到這裡，不少讀者似乎聯想到，「所以會常去南京町吧？」但這種人一定剛到神戶不久，還不太了解狀況。

南京町是神戶知名的中華街，最初是給無法獲准進入居留地居住，所以住在西側的華僑而形成街區。後來神戶受到空襲，為了要讓廢棄的街道再次充滿活力，一九八〇年之後，由商店業主落實了街區再造，現在的商業區南京町也在這時候誕生。因此，路上兩排中式菜館以及新興店家多半是從其他地區搬過來，逐漸恢復活力後，也朝向比較濃厚的觀光色彩發展。

那麼神戶人代代相傳，熟悉的店家又在哪裡呢？說起來，包括不少祖孫三代都光顧的老字號神戶元町別館牡丹園、順德、新愛園、杏杏等，這些都分布在元町站附近。只有在這一區，才有很多小小的名店四散在巷弄裡。

當然，神戶人有時候也會到南京町。例如到元町逛街時順便買個肉包子邊走邊吃，或是特地來買喜歡的叉燒或中國茶。換句話說，大多是來邊逛邊吃，或是專程為了買特定的東西而來。話說回來，講到肉包子，那些隨時大排長龍的名店，有些當地居民也不喜歡，「才不會去那裡買。」並不會因為名氣就跟著趕流行。這也是神戶人重視自己品味的風格吧！

潛規則15

很少吃得到（雖然很想吃）神戶牛肉

Kobe Rules

神戶牛肉在海外已經成了黑毛和牛的代名詞。眾所周知，NBA球星柯比・布萊恩（Kobe Bryant）就是因為他的父親很喜歡Kobe Beef（神戶牛）才幫他取了這個名字。但由於太受歡迎，市面上很多冒名「Kobe Beef」的冒牌貨。為了因應廣大消費者「想吃到真正的神戶牛！」的需求，自二〇一二年二月神戶牛開始出口海外，地點包括澳門、香港，甚至拓展到美國。

既然這樣，想當個眼界開闊的神戶人，至少要了解神戶牛的定義。不過，其實標準非常嚴苛，就連土生土長的神戶人也未必答得出來。此外，神戶牛一整年在市面上流通的量很少，價格非常高。對神戶人來說，也不是隨隨便便就能吃得到。

首先，神戶牛是怎麼來的？這可以追溯到神戶開港的時期。當時日本並沒有吃牛肉的習慣，但隨著開港而來到神戶的外國人，發現了當地和牛的好滋味。就這樣，「神戶牛」就成了和牛的代名詞，但其實這種牛主要是來自兵庫縣北部的但馬地區，而且只有血統跟品質條件符合的才能合格。

此外，但馬地區自古就是個培育優良牛種的知名地區，連平安時代的文獻都有記載。其實包括與神戶牛並列日本三大和牛的松坂牛、近江牛在內，約有八五％的和牛都有但馬牛的血統。

愛吃肉的人，應該要感謝神戶……不對！是但馬！

潛規則16

勉強也會依照關西人的慣例，在家做章魚丸子

Kobe Rules

前面介紹了符合時尚領袖形象的洋派神戶食品，但畢竟是關西地區，對於日式煎餅跟章魚丸子也抱有相當的熱情，跟隔壁的麵粉料理領袖大阪相較之下毫不遜色。

其實以整個兵庫縣來說，日式煎餅店（包括章魚丸子店在內）的數量緊接在大阪之後，名列日本全國的第二位（根據二〇〇九年總務省統計局調查數據）。若以每千人平均四十三家店來看，竟然還超越大阪，僅次於廣島。此外，醬料購買量也在日本全國都道府縣各行政區中穩坐第三位！當然，「關西人家家戶戶都有一台章魚丸子烤盤」的原則也必定遵守。

追根究底起來，大阪人引以為傲、撫慰心靈的食物，章魚丸子，其實正來自神戶市的隔壁，明石市的煎蛋（一般稱為「明石燒」）呀！明石燒其實就是將高湯煎蛋做成章魚丸子的形狀，也就是使用大量的雞蛋跟高湯，煎好之後再泡著高湯吃。特色就在於鬆鬆軟軟的口感，加入從麵粉澱粉質萃取出的浮粉，用專用的鍋子煎烤。

章魚丸子來自明石燒的說法有好幾派，最有說服力的就是起源於珊瑚的仿造品「明石玉」，這也是明石的一項特產。明石玉是在黃陽木上裹上蛋白凝固後著色而成，用在女性髮簪等飾品，但使用時只需要蛋白，會剩下蛋黃。於是，在明治末期開始有人在剩下的蛋黃中加入蒟蒻煎熟，在祭典之後的夜晚於小攤子上賣。之後也有人把裡頭的蒟蒻換成明石的名產章魚，就成了章魚丸子。

另一方面，大阪自大正時期也有一種稱為「銅板燒」的燒烤食品。在有凹溝的鐵板上倒入麵糊及蒟蒻煎烤而成。後來又發展出一種在麵糊裡調味，並且加入牛筋作為餡料的「收音機燒」。此外，大阪的章魚丸子店，會津屋第一代老闆在昭和十年（一九三五），聽到來自明石的客人說「在明石會加章魚」，就用這個點子來改良收音機燒。現在我們熟悉的章魚丸子就這樣誕生。

此外，在潛規則十七中將會介紹到發源於長田區跟兵庫區的「炒麵飯」，還有一種同時沾醬料跟高湯的神戶章魚丸子。

光是一個章魚丸子，也能看出神戶不一味追隨大阪，反而徹底表現他們的進取性與多樣化。想要探尋潛藏的關西精神，不如先邀請神戶人來辦一場章魚丸子派對!?

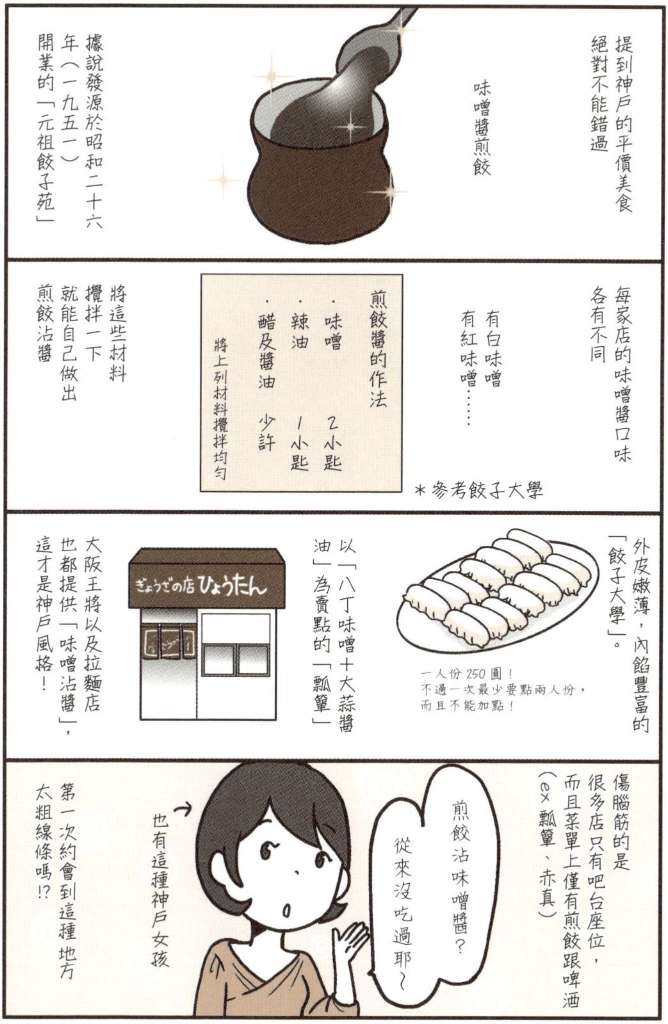

提到神戶的平價美食
絕對不能錯過
味噌醬煎餃
據說發源於昭和二十六年（一九五一）開業的「元祖餃子苑」
每家店的味噌醬口味各有不同
有白味噌
有紅味噌……
煎餃醬的作法
・味噌　2小匙
・辣油　1小匙
・醋及醬油　少許
將上列材料攪拌均勻
＊參考餃子大學
將這些材料攪拌一下
就能自己做出
煎餃沾醬
外皮嫩薄，內餡豐富的「餃子大學」。
一人份250圓！
不過一次最少要點兩人份，
而且不能加點！
以「八丁味噌＋大蒜醬油」為賣點的「瓢簞」
ぎょうざの店ひょうたん
大阪王將以及拉麵店也都提供「味噌沾醬」，這才是神戶風格！
傷腦筋的是很多店只有吧台座位，而且菜單上僅有煎餃跟啤酒（ex 瓢簞、赤真）
煎餃沾味噌醬？
從來沒吃過耶～
也有這種神戶女孩
第一次約會到這種地方太粗線條嗎!?

潛規則17

長田「炒麵飯」，姬路「軟嫩煎餅」、「糊狀煎餅」

Kobe Rules

神戶在麵粉料理文化上也展現出意料之外的先進，有「炒麵飯」這種來自下町的混血美食，發源地是長田區的大阪燒專門店。據說是有一次在店裡炒麵時，有個客人拿出自己的便當，裡頭還有冷掉的飯，要求「跟麵一起炒」而來的。

炒麵飯起初只在長田才有，是當地人撫慰心靈的食物，但阪神・淡路大地震後，成為受災嚴重的該區振興象徵，在媒體報導下一舉拉高了知名度。後來還獲選為代表性的平民美食。此外，長田區還有另一種知名的食物，就是叫做「Bokkake」的牛筋滷菜。用牛筋、蒟蒻，滷得鹹鹹甜甜，還可以加入炒麵、烏龍麵、大阪燒裡一起吃。炒麵飯跟滷牛筋原本都是出自同一區的平民美食，但現在不僅是神戶品牌，也帶動了長田品牌力!?甚至因為太紅了（？），連神戶信用金庫西神戶分行也推出了「Bokkake定存（利率是一般的三倍）」……。

姑且不論這股熱潮，其實如果是神戶市中心或東神戶出身的人，有不少是根本沒吃過炒麵飯或滷牛筋的。甚至明石燒，也是「只有去明石換發駕照的時候才順便吃」。在整個兵庫縣也有像姬路這種地方，發展出自己獨特的美食，例如「軟嫩煎餅」、「糊狀煎餅」等，就是質地比較軟的煎餅。除此之外，高砂市則有據說是大阪燒前身的知名料理，「肉天」（加入炸屑跟牛筋）。在神戶・兵庫這個地方，「就算麵粉類料理也會因地區而完全不同唷～」

潛規則18

冬天小小的享受是到但馬享受「螃蟹&溫泉」

Kobe Rules

在前面的潛規則十五，介紹了日本和牛來自兵庫・但馬。

其實，但馬在神戶的飲食上還掌握了另一個關鍵，那就是……螃蟹！

在山陰地區捕獲的津和井蟹通稱為松葉蟹，以及香住蟹（紅津和井蟹）等，都是這個地區的名產、冬季的美食之王。每到冬季，天氣一冷，神戶人一定會聯想到螃蟹，然後就忍不住盤算起「今年也要去」的念頭。大啖螃蟹、泡溫泉、喝美酒……這就是冬天裡小小的享受。

在但馬地區可以嚐到螃蟹的有濱坂、香住、城崎溫泉等地。旺季期間還會有各式各樣跟螃蟹有關的活動，像是城崎溫泉在每年十一月底，會舉辦由觀光協會會長扮演國王（？）的「螃蟹王國開國儀式」，到了隔年三月底捕撈季節結束時還有「螃蟹供奉」，可說將螃蟹效應發揮得淋漓盡致。其他交通機構或旅行社，或是JR西日本也會有「螃蟹一日遊」，以及破盤價的螃蟹吃到飽巴士之旅，一樣也是處處有螃蟹。據說一些熱門旅館在一年前要預約就已經客滿，想去最好要趁早規劃。

對了，但馬還有個厲害之處。雖然神戶的甜點很有名，不過但馬・豐岡的中嶋神社侍奉的菓子之神，更受到全日本甜點業者的崇敬。但馬，真是個深不可測的地區……。

如果把範圍放大到整個兵庫縣，還有丹波篠山用山豬五花肉做成的牡丹鍋、播磨灘的牡蠣、明石的鯛魚、淡路島的海鰻等各式各樣的名產。神戶的老饕（貪吃鬼）一整年都好忙啊。

潛規則19

春天大家吃「釘煮玉筋魚」GO！GO！

Kobe Rules

春天，神戶的大街小巷瀰漫著甜甜鹹鹹的香氣。香氣的來源正是「釘煮玉筋魚」。

釘煮玉筋魚，就是只用入春（二月底～三月上旬）這段期間，在兵庫縣瀨戶內側為主的地區撈到的玉筋魚幼魚，做成鹹鹹甜甜醬油紅燒口味的佃煮料理。據說源自垂水區鹽屋這個地方，現在則是連神戶市周圍的家家戶戶都會做。每年一開放捕撈，從一大早就看到商店街或超市有主婦大排長龍，已經成了年年這個季節的慣例。要是心想：「不需要搶成這樣吧。」那你就錯了！每到春天，如果沒跟著趕上這股熱烈的「玉筋魚風潮」，可是沒辦法成為正港神戶人唷。總之，先掌握幾個基本重點。

第一，非常重視新鮮與時限！正如「釘煮」這個名字，代表著整條魚不剖腹、不剁掉魚頭，煮好後就像整根扭曲的釘子，然後享受別人的讚美「哇！煮得好漂亮啊」！成功的關鍵就在於新鮮。此外，每年只有很短一段時間能補到適合用來做釘煮的小玉筋魚（之後會愈長愈大，而且有腥味），必須事先獲得上市消息，在開賣當天一大早直接衝到店裡，非常講求時限。

第二，要知道一次必須做幾公斤的大份量。釘煮玉筋魚做了不只自己家裡人吃，更是人與人交流的工具，重點是送給住在其他地區的親友或是外出的孩子，以及分贈給鄰居及同事。因此家家戶戶必備能夠蒸煮玉筋魚的大鍋子。如果要寄送到其他地區，郵局還有附帶專用容器的「玉筋魚包裹」，非常方便。

第三，由於這已經成了左鄰右舍交流的文化，經常會出現「今年某某太太他們家的釘煮好好吃！」於是大家就會卯足了勁研發出自家的口味，就跟每一家都有屬於自己的味噌湯口味一樣。釘煮除了基本的醬油、砂糖之外，也發展出多加了水飴、山椒、薑等，家家戶戶各自發揮巧思。近來除了醬油口味之外，還出現檸檬鹽味的新口味。這裡頭有著跟土地緊密結合的文化，即使是外來者，只要不斷精進，或許在「釘煮玉筋魚大賽」（各商店街會舉辦）拿下冠軍也不是夢!?

尤其在相傳的發源地垂水地區，每到這個時期大街小巷跟超市裡都會播放著垂水引以為傲的當地歌曲——「玉筋魚GO！GO！」。這種俗又有力的景象，感覺跟神戶形象不太符合，不過，聽說會變得這麼盛大也是在阪神．淡路大地震之後的事。起源就是神戶人贈送給其他地方的親友，對於災後各界給予的溫暖表達感謝之意。

釘煮的背後也代表著人與人之間的溫情。每到春天，有人痴痴等著老家趕快送來媽媽的味道，另一方面也有「老媽怎麼又寄來？吃不完啦！」苦笑以對的神戶遊子……。因此，有些神戶人的冰箱會隨時躺著媽媽或親戚做的（什麼時候做的？）「放了很久的釘煮」!?

位於上流地區延續西神戶的風格，帶點平凡又溫暖，撫慰人心的食物。初來乍到的人可以先跟鄰居大嬸分一點來試試，再請對方傳授作法！

凡是神戶人
一定都會經歷過，
「玉筋魚的二三事」
對了，今年的玉筋魚
○號開放撈捕耶！
今年的漁獲量
不知道好不好。
一到春天，
周圍都在討論
「玉筋魚開放撈捕日」，
或是至少會聽別人講起
要推廣
「自家口味的玉筋魚」
買到了新鮮的玉筋魚
今年要一次做
三公斤的量～!!
一次做大量的
釘煮玉筋魚，
分贈給親戚、朋友
還用郵局的
專用包裹寄送
郵局有專用的包裹
おいしい春の風物詩
いかなごのくぎ煮
擠滿
春天…整個冰箱都被
釘煮玉筋魚塞得滿滿
因為實在太下飯…
你最近胖了啊～
你也是呀
連人都變成像
胖胖飽滿的玉筋魚…

潛規則20

提到學校營養午餐爭奪戰
就少不了「德連」

Kobe Rules

「事先檢查營養午餐的菜單，有德連那天絕對不請假！」
「要是當天有人缺席，大家會為了多出來的那份德連搶破頭！」
「德連」對神戶的孩子來說，就是有這麼迷人的吸引力。

這到底是什麼呢？答案揭曉，就是營養午餐裡的橘子果凍！「什麼嘛～」有這種想法的人就太小看它嘍。這個橘子果凍，可是在神戶校園營養午餐界中不可或缺的要角。話說回來，德連也只有在神戶市跟周圍的公立小學（&北海道的一部分）的營養午餐中才看得到。而且，就連對甜點很挑剔的神戶人也讚不絕口：「這個真的超好吃！」不過，它其實是來自德島。而且不知為何，只從「德島縣加工農業協同組合連合」之中取了兩個字「德」、「連」當作商品名稱。

講到德連，有個非得一提的重點，那就是「要在半結凍的狀態下食用」。不能凍得硬邦邦，也不能太軟Q，就是那股「帶點冰沙的感覺但又有點彈性」的口感最吸引人。營養午餐開動之後，到最後吃甜點的時機恰到好處，但如果還沒解凍也不要急，稍微放一下，等到正開始融化就是食用的最佳時刻。話說回來，夏天時一不小心就退冰成了果凍，不少人會覺得很可惜……。

另一個在神戶校園營養午餐界中風靡的狠角色，就是「挪威風鯨肉」。日本全國校園營養午餐界中常見到的是用醬料醃過之後裹粉油炸的「龍田風炸鯨肉」，但在神戶（&關西地區）的基本款是除了炸鯨肉還拌入番茄醬或伍斯特醬做成挪威風。大家對這道菜的評價就分成兩派，有些人覺得「很好吃」，也有一部分人認為「普普通通」，但至今還是有些當地居民認為這是「偶爾會想吃的懷念口味」。據說用這道菜還能擄獲一定年紀的神戶男子的胃喃。

對了對了，另外一個跟「德連」相提並論的經典甜點，就是「奶油乳酪蛋糕」，薄薄一片船形威化餅皮，鋪上像冰淇淋一樣的白色奶油乳酪，這當然也會引發孩子們的爭奪戰。

眾所周知，神戶也是日本全國率先在校園營養午餐中提供麵包的地方，果然其他菜色也很高水準……啊，可是德連是來自德島耶。

Kobe Rules

交通篇

購物篇

飲食篇

街景篇

語言．人際關係篇

生活百匯篇

潛規則21

沒有山就會迷路!?

「梅田這個地方太大了……」「東京的路扭來扭去看不懂。」

神戶人平常不著痕跡地發揮自己俐落的個性，但有個弱點就是，一出神戶似乎就變成進大觀園的劉姥姥。就跟住在棋盤格子裡的京都人一樣，一到了其他地方就連東西南北都搞不清楚……。

原因是被實在太過「簡單易懂」的神戶街區慣壞了嗎!?

例如，到了元町的百貨公司大丸神戶，店裡會有「海側」、「山側」的標示。外地人看了會覺得「這樣的標示真有鄉間風情！」但其實在神戶只要這樣區分，大致上就不太會迷路了。

神戶夾在山海之間的細長地帶，訂出了山側是北，海側是南的規則。此外，就算看不到海，也能大致了解山在哪邊。一旦確定「山在這邊」，就連「看不懂地圖」的女性（或男性）也辨位無礙！因此，在日常對話或地圖裡的東西南北也會使用「海側」、「山側」來說明。或者也經常出現「上行」、「下行」，類似「這裡（往北）上行一直走」或是「往（南）下。」這種說法。

神戶人從小養成的習慣，就是無論到哪裡都會找看看有沒有山。很容易有「一看到山就當作北方」的反射性衝動。到了平坦的地區，反倒有一種難以安穩的不安。或許……這樣的恐懼導致他們不喜歡離開神戶吧。

潛規則22

很少去異人館

Kobe Rules

要說到神戶的異國風情以及洋派形象，最具代表的就是異人館[4]街的北野。不過，對在地神戶人來說，卻是個「哦，但不太常去耶～」的地方。

就跟京都人對於知名的寺廟佛閣出乎意料之外的無知（沒興趣）一樣，但神戶人不常到這一區的最大原因是「北野坡道好多，走起來很累」。不過，如果有來自其他地方的朋友，還是會當個地陪一遊，只是對於這一區的地理位置似乎比觀光客還不熟……!?

話說回來，之所以在北野町有異人館，是因為開港之後外國人增加，使得原先公認享有治外法權的「居留地」不敷使用。因此，規劃了一區外國人與日本人共存的「雜居地」，景致良好靠山區的一帶就成了歐美人士居住的異人館街。甚至還有神戶人的記憶中有過「在異人館遇到外國人送我冰棒吃」的往事。神戶的台地＝令人嚮往的上流社會，或許也受到了這段歷史的影響。

明治到昭和初期，在神戶市區內約有多達兩百棟的異人館散居各地，但隨著時代演變也慢慢拆除了。

然而，昭和五十二年（一九七七）NHK的一齣以異人館街為背景的晨間劇「風見雞」收視爆紅，一下子引發熱潮。觀光客絡繹不絕，之後就與洋派風情的神戶品牌形象緊密結合。如果早有這齣戲，讓政府致力保全，都不要拆除就更好了～

這幾年，除了觀光的需求之外，也愈來愈多人在異人館、餐廳舉辦婚禮、喜宴。甚至還有特地從外地來的夫妻，「要辦婚禮的話，就要在夢想已久的神戶」。話說回來，對參加的賓客而言，尤其是夏天，光要抵達位於北野的會場就已經滿身大汗，這一點要格外留意。如果受邀，搭計程車才是正確選擇。

此外，北野的店家會開得比三宮來得晚，時髦的餐廳也比較多。如果要安排餐敘，必須特別留意。萬一選了位於比較高的地點，一定會有人抱怨「居然要走這麼久」吧!?

還有，這一區分布了很多隱密的小店，但臨時上門風險很大，一定要事先訂位。尤其如果是約會，特地爬坡抵達目的地，結果客滿或公休，只得摸摸鼻子離開，搞不好還會影響兩人往後的感情。

這個時髦的地區雖然也有安藤忠雄的建築作品，但要是抱著觀光客的心情，很可能會落入意想不到的陷阱，被海削一頓哦。能夠戰勝上坡就能戰勝神戶，小心別露出一副外地人的模樣！

我叫京江戶子。出身東京。今天我朋友麻里結婚了!!
在異人館辦婚禮耶~!!
第一次去異人館!
聽說是個很漂亮的地方好!就從三宮慢慢晃過去吧!
WEDDING
哇!果然真的很美耶~
今天的天氣又好,實在太適合散步啦!!
○分鐘後
喘
呼
……
喘
呼
不該穿這雙新買的高跟鞋啊……
江戶子!?
婚禮還沒開始,妳已經哭了!?
妝融了~
喘
呼
…嗯?
另一位朋友

潛規則23

神戶不等於神戶市!?

Kobe Rules

「神戶真是個好地方對吧？」聽到神戶人這麼說時，有一點要特別注意，那就是，究竟他們口中的「神戶」指的是哪裡。

事實上，神戶人對於鄉土的愛以及那份自豪，多半是來自於「整個城市的街區」。夾在山海之間狹窄的地帶，瀰漫著濃濃的異國氣息。神戶人對於這種特殊的氣氛再喜愛不過。就像土生土長的京都人喜歡窄～得要命的棋盤格子一樣，神戶人的自尊、鄉土情及「神戶風格」，都集中在那條狹～長的地區。

從這個角度來說，「神戶＝神戶市」這項簡單的公式未必成立。

例如，很多神戶人會挖苦「北區跟西區才不是神戶（該有的樣子）。」（沒禮貌！）原因大概是雖然新市鎮大受歡迎，但少了那種畫一般的「神戶印象」吧。

此外，瀰漫著濃厚老街氣息的長田區及兵庫區，多半也因為人情味太濃（？），所以很可惜沒辦法名列「時尚神戶組」。西神戶地區的須磨區跟垂水區，則是因為地點的關係，往往跟隔壁的明石市被當作一組……。

相對地，東神戶地區的東灘區、灘區，有多處高級住宅區，一直保持著高品味的神戶形象。繼續往蘆屋、西宮一帶延伸，雖然行政區屬於不同的市，但仍被納入廣義的「神戶文化」之內。

不過，現在這麼囂張（？）的神戶，是在開港之後設置居留地才繁榮起來，過去其實也只是個貧瘠的小村子。

自古因為交易往來而繁榮的，是兵庫區一帶，因為平清盛建設了兵庫港（當時的大輪田泊．兵庫津）當作日宋貿易的據點。長田區跟兵庫區也同樣是造船及鋼鐵等大規模重型產業，還有人造皮鞋等當地產業中心，長久以來支撐著神戶的經濟。此外，日本過去曾經有半年時間將首都（福原京）設置在兵庫區，這兩區的區民自然有種驕傲，認為「我們才（應該）是正宗的神戶代表」!?

還有前面提到的北區跟西區，過去曾經是農業興盛的區域，後來由於住宅以及工業區的開發，即使歷經泡沫經濟及震災影響，但因為受災狀況相對輕微，急速湧入大量人口。尤其西區的新市鎮有很多教育設施、公共設施，成了新興文教區，廣受居民喜愛。

須磨區跟垂水區也因為位於JR線沿線，屬於可眺望海景、風光明媚的地區。具備多港灣的東神戶地區所沒有的吸引力。

神戶，在同一個市裡卻隱藏著各種不同情懷（？）。此外，神戶亦擁有都市小而美的優點。無論從哪裡都能在相對短的時間內抵達市中心，這種便利性也讓神戶人引以為傲。

神戶地區個性圖鑑
〈灘區・東灘區〉
隨時有汽車接送的正牌大小姐
從來不曾自己走上坡!!
〈中央區〉
神戶第一的時尚領袖
大家閨秀型
怎麼啦?
〈長田區・兵庫區〉
重義氣,樸實豪爽的氣質
要比人情義理
我可不會輸!!
〈垂水區〉
釘煮玉筋魚是全世界
最棒的心靈食物!!
〈須磨區〉
有神戶地區最大
規模的海灘唷~
我們也是
神戶啦!!
〈北區〉
〈西區〉
*純粹只是刻版印象啦(笑)

潛規則24

有信心看到山豬
也不會大驚小怪？

Kobe Rules

「在住家附近發現山豬。」——聽到這句話時，會以為是在哪個鄉下的地方新聞，令人想像不到的是，這其實是神戶的田園日常景象。尤其在六甲山附近，甚至還有山豬受到居民餵食，跟人類和平共處。

因此，身為神戶人，每個人至少都有一次「目擊山豬記」可以炫耀。

「三更半夜回到家，在公寓走廊上看到山豬慢慢走過去。」

「在我家門口看到『一家人（帶著小山豬）』，還對看了一眼。」

「我在車站驗票口附近看到晃來晃去的。」

「在便利商店親眼目擊！」等等。

事實上，就全世界看起來，據說像神戶（六甲山）這麼不怕人類的山豬還真是少見的案例。神戶以適合人居住聞名，看來對山豬來說似乎也一樣，說不定在六甲山的山豬界代代相傳這個說法：「遇到人類餵食就放心吃吧」!?

話說回來，這幾年或許因為生態發生變化，開始出現山豬攻擊提著垃圾袋的人，或是咬人手指（!）這類比較兇猛的狀況。山豬的牙齒比想像中銳利，有人被山豬的牙齒咬中大腿，動脈遭到撕裂，傷勢嚴重，這樣的新聞並不少見。因此，二〇〇二年神戶市實施了全球第一個「山豬條例」。包括禁止餵食等規定，甚至連位於市區的中央區也有一部分劃為限制區。

從小就習慣與山豬共處的神戶人倒也罷了，外來客千萬不能一不小心就太接近山豬！就連小山豬寶寶也不容小覷！

山豬
在神戶真的很多，
多到甚至在
二〇〇二年五月
實施了「山豬條例」
神戶人普遍都懂得
該怎麼跟山豬
和平共處
在路上
跟山豬撞個正著
四目相交時……
不妙……
別轉過身，
一小步一小步
慢慢往後退
(不要用跑的逃走!!)
不可以把垃圾袋
丟在院子裡不管
到住吉川烤肉
也不能把垃圾
留在當地不帶走
挖
掘
翻
山豬會去翻垃圾
不可以餵食山豬
而且抓到山豬
也不能當寵物養!?

潛規則25

如果說超級上流地段
就是蘆屋的六麓莊（曾經是）

Kobe Rules

「之前去朋友家玩，進入大門之後走了快二十分鐘才終於到玄關。」

「家裡有雕刻品還有很大幅的畫作，根本就像美術館。」

位於大阪跟神戶中間的「阪神間」，有一區是棒球選手跟演藝人員居住的高級住宅區。在這種上流地段的學校裡，似乎經常會聽到這類對話內容。平常一起鬼混的朋友其實家財萬貫，或者是哪個企業小開的兒子，這種情況比比皆是。

其中在全日本也算數一數二豪宅區的，就是蘆屋的六麓莊町。在這一區的建築法規，建築物的一個區劃面積竟超過四百平方公尺！範圍內沒有電線，也沒有電線桿！已故的大榮百貨創辦人中內功，也曾經住在這一區。而同樣在蘆屋地區，時尚設計師小篠弘子居住的「奧池」，更是超高級地段。此外，東灘的赫曼宅邸（德國西門子公司極東負責人赫曼的故居遺跡），西側有岡崎財團（山崎豐子小說《華麗一族》就是以此為藍本）所在的須磨離宮周邊，以及詹姆斯山一帶，這些都是高級住宅區。

一般來說，半山腰地區＝高級地段，但這幾年來可能因為高齡化或不景氣的影響，愈來愈多富人族群賣掉山區的地，跟山豬一樣（？）往山下發展。因此，近幾年同樣是蘆屋地區，反而JR蘆屋站附近的地價慢慢變高，或是阪神間比較少上坡的西宮市更受歡迎。

不過，「賞遍山、海景觀」才是神戶生活的精髓！意思是說，要住山區得趁年輕!?

潛規則26

每個人都有私房夜景景點

Kobe Rules

神戶人的心靈綠洲，同時令他們引以為傲的，就是名列日本三大的神戶夜景。

不可不知幾個知名景點，包括六甲山、摩耶山掬星台（因為「看似能掬一把星星」而取名）、維納斯橋（有據說情侶一起掛上鎖就能成為眷屬的「愛心鎖紀念碑」）等，但如果想要當個正港神戶人，光是知道這些大眾熟悉的觀光景點應該不能合格。就像京都人都有私房寺院&賞櫻景點，神戶人也應該尋找自己專屬的夜景景點。

話說回來，神戶根本從山上、從海邊，甚至從街道！無論哪個地點都能飽覽夜景，簡直是全方位的夜景天堂。「ANA皇冠廣場飯店頂樓」、「蘆有Driveway的休息區」、「逆瀨川靠山的一側」、「神戶港島北公園」，甚至「下班回家路上不經意抬頭就看到錨山（碇山）與市章山的燈飾（這種仿效錨或神戶市市章的燈飾在山腰上點亮，稱為山麓燈飾。在阪神・淡路大地震街上停電時，依舊亮起）」、「放學回家路上看到的夜景超讚！」（by神大生）似乎對神戶人來說，夜景不需要專程跑去哪裡看，只是日常生活的一部分。就像一看到阪急電車的紅豆色就令人感到安穩，從外地回來一看到神戶臨海樂園的夜景，就感到安心。這也是神戶人的DNA。

不過，在開車上六甲山飽覽夜景之後，從另一側（裏六甲）一下山……舉目所見是一整排賓館。剛來神戶的人，千萬別因為沒留意這一點，讓約會的氣氛變得尷尬嘍（笑）！

潛規則27

一跨過六甲山氣候就改變

Kobe Rules

穿過縣界長長的隧道後，就是雪國……

這是大家熟悉的川端康成作品《雪國》的開頭，但相同的情境在神戶也看得到。這可不是騙人唷。冬天寒冷的夜晚，在三宮小酌完，搭著北神急行通過貫穿六甲山的隧道，抵達北區的谷上站時一片雪白！千真萬確。（大概是為了讓隧道工程費能回本，僅僅十分鐘的車程竟然單程票價就要五百二十圓。貴死啦！）

在潛規則二十三中提到神戶市內的各種差異，其實氣候大不相同也是個特徵。其中一個分界點就是六甲山。理論上海拔上升一百公尺，氣溫就會降低〇．六度，因此在接近山頂的六甲高山植物園，氣候其實跟北海道南部差不多。此外，每年為了預告冬季來臨，在位於六甲山海拔八百公尺的六甲山小學（灘區），會配合二十四節氣中的「霜降」（十月二十三日左右），進行暖爐的點火儀式。嗯，真有北國氣息……但這其實是神戶市區的一景……。

冬天除了六甲山，翻過山之後的北區跟西區山區，還有須磨區跟垂水區的北部，氣溫都比三宮低了三到五度。話說回來，位於北區中心的鈴蘭台正是打出「關西輕井澤」為賣點的避暑勝地，但在夏天那裡像度假別墅，冬天卻是另一番光景了（抖）。

此外，不僅裏六甲地區，這邊的氣溫普遍受到緯度與高度很大影響。例如，從位於台地的家中要出門時，覺得「天氣要變冷了」而穿多一點，但到了靠海一側平地上的公司時，覺得

「熱死啦！」而後悔萬分的狀況也屬常見。

因此，生活在神戶最好要隨時注意活動地點的海拔標高（!?），確確實實掌握每個地區的天氣預報。

Kobe Rules

交通篇

購物篇

飲食篇

街景篇

語言．人際關係篇

生活百匯篇

潛規則28

講話習慣用「～とう」來結尾

「你是神戶人吧？」要辨識出正港的神戶人，有個方便的關鍵字。那就是神戶腔中最具代表性的詞「～とう(do u)」。

用法上大致就像「何しとう？（しとん？）」（你在做什麼？）↓「御飯食べとう」（我在吃飯）。神戶市宣傳垃圾分類的代言吉祥物「分類小豬Waketon」就曾用過，在ICカードPiTaPa的廣告上也用過「知っとう？」（你知道嗎？），可見這樣的用法已經根深蒂固。在生活上可以講「テレビ見とう」（看電視）、「雨が降っとう」（正在下雨），簡直是萬用的語尾助詞，就連剛到神戶的人也能容易學會。

其實，據說神戶腔是來自以大阪為中心的攝津腔，以及以姬路為中心的播州腔，兩者混合而成。因此，有人說「～とう」是從播州腔（＝神戶人很怕）的「～とる」演變成神戶獨特的語言，但這幾年更有力的說法是混了大阪的語言（攝津腔）演變而成。

比方說，「～よう(yo u)」，這在神戶腔裡有特殊的意思，指「開始做某件事」的狀態。例如，「雨が降っとう」的意思是「正在下雨」，但「雨が降りよう」就是「下起雨了」的意思。但攝津腔中的「～よう」的用法就跟「している(shideiru)」（正在某個狀態）的意思一樣，因此在神戶也受到這個影響，愈來愈多人使用時沒有明確的區分。

另一方面，在大阪跟京都經常使用的尊敬語「～はる(ha ru)」，在神戶則是受到播州腔的

影響，會用「～てや(de ya)」（標準語中對「老師來了」的尊敬語說法「先生がいらっしゃってたけど」，神戶人會說「先生が来てやけど」）。不過，現在已經完全被京阪的「はる」文化滲透，在姬路甚至連「てや」都愈來愈少人用。實際上，阪神間人們的交流頻繁，語言上的界線也逐漸變得模糊。

因此，剛到神戶的人應該要先學會好好用「～とう」。

「開口閉口都在『とう』，以為自己是超人力霸王嗎！」（也有「假面騎士」版本。因為這些人物在戰鬥時都會發出類似「鬥！」的大喊）要是能讓大阪人為你的腔調吐槽，應該表示你已經成為合格的神戶人。

我是京江戶子。今天跟神戶出身的神子共進午餐
不好意思，遲到了。
咦？
在做什麼？
沒什麼，寫個日記
哇～日記耶！！
神戶腔的「何しとう？」，意思就是「在做什麼？」吧
神戶腔聽起來好溫柔哦～妳一定不會跟先生吵架吧？
沒這回事！上次我看他在偷偷傳簡訊……
還以為有外遇
說清楚
なにやっとんどいや〜！（播州腔的「在搞什麼阿！」）
喔～結果是誤會啦
播州腔其實是很恐怖的
對了，我爸爸那邊是加古川出身
好、好威啊……
咦？所以這跟「何しとう？」的意思一樣嗎？

＊好孩子不要學這種講法。

潛規則29

要是有人跟你說「だぼ！」就要小心了

Kobe Rules

包括神戶在內，在關西地區大家常把「アホ（AHO）」（白痴）掛在嘴邊。這是一種彼此關係親近的表現，但如果聽到的不是「アホ」而是「だぼ（DABO!）！」（笨蛋）就要特別注意了。雖然講起來的感覺差不多，不過，這才是播州腔黑話的精髓!?正因為這樣，就跟關東人的「バカ(BAGA)！」相同，（傻瓜）具有釀成一場大戰的破壞力。在使用時要非常謹慎。

另一個只有在播州聽到時需要留意的字，就是「ごうわく！（goowaku）」這是「氣死人！」的意思。前面提過神戶腔是由攝津跟播州的腔調混合而成，就跟大阪腔愈往和歌山（河內腔）會聽起來愈粗獷一樣，隨著接近播州，江湖味益發明顯。例如，在大阪或京都會說「先生いてはる？」（請問老師在嗎？）（尊敬語），但到了這一區會變成「先生おってか？」不明究理的話，這個語氣聽來會很像在吵架，但其實也是尊敬語。另外，「ザジズゼゾ（zazizuzezo）」這幾個音念起來會變成「ダジズデド（dazizudedo）」，也是特徵之一（「全然」（ゼンゼン，發音是zenzen）會變成「デンデン（denden）」之類）。話說回來，就跟「～てや」一樣（見潛規則二十八），與其他關西腔不太相同的播州腔，用的人愈來愈少了。雖然一方面常被挖苦是「全日本語氣聽來最強硬的方言」，但「べっちょない（不要緊）」、「せんどぶり（好久不見）」等這些播州腔聽來又有種純樸的溫暖。

在一部分重新尋找方言優點的聲浪下，這幾年在姬路還配合其他重拾方言的活動，發行播州腔用語排行榜漫畫海報。有著不同於神戶的熱情，或許這也是播州特有的耿直民情!?

潛規則30

不講「日直」而說「日番」

Kobe Rules

「『日番』是什麼啊？」答不出來的話就稱不上是正港神戶人！

所謂的「日番」，就是學校的「日直」，也就是「值日生」的意思。除了神戶之外，大阪也有些地方會這樣用，但為什麼會這樣呢？來源以及分布狀況都不清楚……

另一個席捲神戶校園的關鍵字是「神戶體操」。原本是在昭和二十六年（一九五一）設計出來，要跟廣播體操做區隔；在昭和四十年（一九六五）根據分析學生的體力、體格、生活狀況後改版，進一步推廣。這一系列體操分成小學的低、中、高學年，以及中學、高中的男用、女用，總共有七種。尤其其中還加入伏地挺身的動作，以及不少擴胸運動，做完整套非常累，據說運動量是廣播體操的三倍左右！就算不做這套體操，很多學校位於半山腰，上下學也要不停爬坡，神戶孩子的校園生活過得比想像還辛苦呢～。

這套神戶體操在昭和五十年代中期左右還在全神戶市實施，但之後逐漸減少，現在只剩下少數學校才看得到。據說原因不外是「體力上太嚴苛」、「體育課時數變少，要讓學生學會這套體操很不容易」等。

對去者不追的神戶人而言，其實也為這些事物隨著時代而式微感到無奈，畢竟都是源自神戶的無形精神資產。最近有些人再次重視起過去的廣播體操，看來神戶體操也有望復活！但現在的神戶小學生會不會因此感到困擾……!?

潛規則31

被誤認為大阪人
會不太高興

Kobe Rules

「不否認他們比神戶人有趣，而且充滿活力啦……」在表達認同的同時，也有類似的批評：「但那種刻意想拉近距離的感覺實在有點……」「態度很誇大，感覺都不是真心的」。

在後面的潛規則三十二會提到，神戶人對大阪&大阪人絕對沒什麼明顯的反感，不過，當被誤認為是大阪人時，還是不太開心。他們真正的想法，就像一開頭說的「雖然都是關西，但不想被當作同一類人啊～」

追根究柢，與其說對於真正的大阪人，更像是對「大阪（人）普遍印象」感到不舒服，以及身為神戶人該守住矜持的防衛本能。

雖然大阪人個個都是大嗓門，但講起話來都很有趣，絕不是平凡無聊的人（有這樣的趨勢）。其實就算同樣是大阪，跟神戶距離較近的「北區」還有靠近和歌山的「南區」，無論街道的氣氛或是路人的服裝都是不同風格。

會讓神戶人保持距離的，就是南區的典型形象。到處都是豔俗的招牌燈閃爍、吵吵鬧鬧的阪神老虎隊球迷、打扮花俏在街上大搖大擺的大阪大媽——對於所有人公認是關西時尚領袖神戶人而言，當然受不了被冠上這樣的形象。

尤其在關東地區，很可能因為關西腔調被當作大阪人。當被其他地區的人問到「你是關西人嗎？」神戶人的直覺反應會是：「對。『不過』我是神戶出身！」極欲暗示他人，別將自己與大阪人混為一談。

很多神戶人雖然與大阪劃清界線，工作地點卻在大阪。因此，白天展現出關西人的活力，晚上坐電車晃回神戶，看到山，看到海，才得以真正放鬆心情……能夠每天變換這樣的雙重人格，也只有具備彈性的神戶人才辦得到。

三宮
我們是在大阪工作的神戶企業戰士！
特殊技能就是變身成大阪人！
嘎咚
匡咚
武庫川
開始變身!!
翻開
翻開
昨天的阪神戰
大スポ
マンスリーよしもとPLUS
尼崎
今天也要認真拚！
開玩笑的啦！
揮手
揮手
我前陣子買的領帶，怎麼樣啊？
難波
社長!!
麵粉料理只有大阪才有呀!!
就是說呀
你懂得還真不少啊～
真想趕快回家變身了～～

潛規則32

不討厭搞笑，但像大阪那種「裝傻、吐槽」也太累人

Kobe Rules

New West（新關西）模式。

在蘆屋長大，神戶高校畢業的作家村上春樹，就像尼崎出生&灘中畢業的已故作家中島Ramo在文章一開頭形容的這樣。中島先生在集結他策劃的Kanetsu Delica食品公司（以製造竹輪出名的神戶公司）廣告而成的刊物「啟蒙魚板[5]」後記裡曾這麼說。中島Ramo的文字趣味所在，就是關西腔方面營造的氣氛很好。也就是說，跟非關西地區的日本人印象中那種吉本喜劇的「Deep West」（深關西）有所區隔，沒那麼「重口味」，多了點修飾，以個人特色取勝。或許也可以說是「阪神間」的模式。

就算有人對於把這等奇才中島Ramo當作神戶人代表有不同意見，但神戶（人）表現出的氣氛，確實就是村上春樹呈現的「新關西」模式。

身邊隨處可看到類似電視節目「偵探！夜間大頭條」這類大阪地區媒體，也就是說，不必特別跑到劇場也能從小看「吉本」。神戶人不討厭搞笑，面對關東人說話冗長又沒重點（到底想說什麼？）會感到焦躁。在身為關西人的自尊下，也精通裝傻&吐槽的藝術。

然而，表面上雖然算是走關西路線，但神戶人依舊異口同聲表示：「跟大阪人聊太久會很累。」

其中一個原因就是不知道該說是好還是壞，總之大阪人處處想逗人開心的精神，實在過了頭。

粗略說來，大阪人在對話時大概有八成是以「裝傻&吐槽」的型態來組成。這種一而再、再而三的裝傻，製造機會讓對方吐槽，會讓習慣維持一己步調的神戶人不知所措，但大阪人仍會不死心，窮追猛打：「我不都已經裝傻了嗎？你快吐槽呀！真是遲鈍！」

對神戶人而言，「裝傻&吐槽」占對話的一兩成不就好了嗎？面對這樣的緊迫盯人會很痛苦。覺得一刻也不能休息，希望可以稍微靜一靜……。

過去在異人館街很重視個人隱私，人們對於鄰居的生活盡量不干涉。這種西方尊重個人的成熟俐落&理性應對的文化，跟關西原有的在地氣氛混合而成的「新關西模式」，也許也可稱做「神戶模式」。

神戶面對大海的地形，加上宜人的氣候，或許也影響了居民的個性。個性豪爽開放的神戶人，最怕黏膩且拖泥帶水的人際關係。當然，也會被批評是關西地區最愛擺架子與冷酷的一群……。

我叫若利康夫
屢戰屢勝的萬人迷
目前追求的對象是
神戶出身的三宮良子
……
拿出以往的致勝祕技，
使出渾身解數，
全力進攻！
若利先生是哪裡出身？
嗯？我嗎？
我啊可是百分之百、
土生土長在東京柴又！
跟電影裡的阿寅一樣～
是喔……
我覺得你，
似乎不太像東京人，
倒是講起話來
像是大阪人
態度又很高調…
咦!?什麼！
妳的意思是，
也認為我像個關西人，
是這個意思對吧！
我實在太開心啦！
關西萬歲！
……
嗯，真的
而且你的關西腔
講得好怪

潛規則33

要移住關東地區的話，橫濱勝於東京

Kobe Rules

據說搬到關東的神戶人，平常搭乘東急東橫線（往橫濱方向）及田園都市線的比例很高。這是因為住在橫濱的神戶人比在東京還多。

理由很簡單，就是橫濱「跟神戶很像」。一八五九年，比神戶率先一步開港的橫濱，在山下町的山下居留地，以及在山區的居留地，連結兩個地區的元町大道，開設很多以外國人為客層的商店。因此，率先出現很多當年日本還少見的咖啡廳、麵包店、服飾店等，這一段歷史跟神戶相仿，規模比神戶還大，一樣也有中華街。七〇到八〇年代曾經有稱為「Hamatora」[6]的橫濱特殊穿搭流行，跟神戶的高品味也有異曲同工之妙。

另一個重點是有海、也算有山，還有坡道。對於從兒時就習慣仰望山色的神戶人來說，似乎特別容易受到有坡道的城市吸引!?

還有，不必專程跑到東京，想要購物或從事休閒活動都還算方便，兼具適度都會&自然的性質，跟神戶與大阪之間的關係也很類似。

然而，即使選擇了橫濱，神戶人依然心在神戶。雖然經常嘴上謙虛地說：「橫濱是大都市，拿神戶來類比不好意思啦……」不過，其實心裡想的是，像神戶這樣的都市規模剛剛好，或者覺得橫濱充其量也不過是東京的衛星都市。就算不擅長強烈主張，但神戶人愛鄉愛土的心也絕不動搖！

潛規則34

被問到「縣民特性是？」會感到不知所措

Kobe Rules

神戶人幾乎絕口不提自己是兵庫出身，因為這個地區居民的特性，就是大家對於身為兵庫縣民這件事似乎沒什麼共識。可說會讓「妙國民糾察隊」這個電視節目大傷腦筋。事實上，根據日本全國縣民意識調查（《現代縣民氣質》，NHK），針對「具備所謂兵庫人的氣質」這一項，回答「YES」的人，在神戶周邊的是五三%，即使在中西北部也不過六三%，少於日本全國約七〇%的平均值。

話說回來，兵庫縣說起來是由過去的攝津、播磨、但馬、丹波、淡路這五個國整合的區域。無視於以往擁有不同歷史、文化的舊有行政區，強制就形式上統一成一個縣，又為了想獲得外國資金而發展神戶港，強徵農村地區但馬與播磨的稅收，據說這是明治政府的盤算。

雖然不至於對全國普遍有好感的神戶品牌產生競合的心態，但每個地區仍有一部分對於過去的「國」有偏愛與堅持。尤其從歷史上來看，目前多把焦點放在神戶開港之後的歷史，大家很容易以為這是個新興都市，但每個地區回溯起來，都留下了幾千年的悠久歷史。

例如，南淡路市留下了古事記中傳承的「建國神話」（天神伊邪那岐與伊邪那美用長矛攪動土地時，從長矛前端落下的一滴水珠凝固之後，就成了淡路島的沼島）。這般悠長的歷史，就算自誇擁有一千兩百年歷史的京都人也相形失色。

此外，屬於播磨的古加川市有與聖德太子淵源深厚的寺院。還有因為忠臣藏而知名的赤穗浪士也出身於播磨赤穗這個產鹽名地。當然別忘了姬路擁有超過四百年歷史且登錄為世界遺產的姬路城。這麼說來，丹波還曾發現過中生代白堊紀（!）的恐龍化石（丹波龍。後來也受命擔任當地的代言吉祥物，小名叫「小丹」）。中生代白堊紀是……多久以前啊？

歷史、氣候各有差異，居民的個性也不同。

從兵庫縣東部的神戶，包括阪神間的攝津都有接納多元文化的背景，因此對於其他文化的排斥性低，普遍保有開放且彈性的態度。

以西側地區姬路為中心的播磨，展現保守卻剛毅的形象，在文化上深受廣島及岡山的影響。丹波絕大部分是農村，在地理、歷史上都受到京都很大的影響。面對日本海的但馬在山陰地區的文化圈之內。此外，丹波、但馬這兩個地區都會下大雪，在自然環境上相對嚴峻，據說有種接近東北人的沈默寡言與高度耐力。另一方面，淡路兼具小島特殊的開放性與封閉性，內部有一股堅定的團結力，在文化上則受到四國與大阪的影響較強。

簡單列出來也能發現，兵庫縣的每個地區都呈現完全不同的個性。在京都的兵庫縣民同鄉會直到昭和五十四年（一九七九）才成立，也是因為「兵庫縣」歷史不長的緣故。

在這裡問：「你們的縣民特性是什麼？」實在是個笨問題。

就算同樣都是兵庫縣的縣民，問神戶人對「姬路」的印象…
感覺有點江湖味耶
不太常去那邊
…大致是這類答案。
其實不但有「姬路城」，
也是個外國觀光客、喜愛歷史的女孩與歷史迷的必訪景點
OH~ the Himeji Castle~!!
Beautiful～!!
真壯觀～
好漂亮～
白鷺城真可愛…
登錄為聯合國世界遺產的姬路城，自二〇〇九年展開大規模維修，卻另外打造一個稱為「天空白鷺」的設施，可以看到維修的狀況
裡頭正在整修
二〇一二年入館人數超過一百萬人，受到極大迴響
另外，還被當作在古裝劇中出現的「江戶城」
這是姬路城吧？
姬路城…真深奧…

潛規則35

重視生活&舒適性

Kobe Rules

從潛規則三十四引用的《現代縣民氣質》中，再介紹另一項調查數據。在「滿意現在的住所嗎？」這個問題中，兵庫縣回答「YES」的人約八七%，高於全國平均（八三．六%）。

看到這裡，大家可能會覺得，對於「愛神戶」的神戶人來說，「這不是理所當然嗎！」但值得探究的是，這項調查其實是在一九九六年做的，也就是在地震發生一年後。還在重振的過程中，出現這麼高的數字的確很驚人。由此就能看出神戶人對於自己的城市多麼有信心，相信這個地方的潛力，深愛著這塊土地。

前面提過，神戶人對鄉土的驕傲，有很大一部分集中在神戶的街區以及良好的居住環境。「都市的規模恰到好處，購物也很方便」、「人不會太多」、「有大都市的樣子，也保留不少自然景致」、「從哪裡都能立刻到鬧區，或是大阪，非常便利」、「因為有山風，熱氣不會囤積，夏天也很舒服」。

因此神戶人對於其他比神戶更大、刺激更多的都市，像是東京、大阪，一點都不嚮往。對他們來說，聚集了具備神戶風格的小街區，就能符合生活舒適的標準。至於街區規模、店鋪數量、是否令人眼睛一亮，都不是最重要的價值所在。所以，當大阪人挖苦說著「（神戶）好小啊！」神戶人也不以為意。堅持「住起來感覺舒服！」最要緊。這同時也是神戶維持自我步調的具體表現。

潛規則36

來者不拒，去者不追

Kobe Rules

前面已經提過很多次，神戶是個明治維新之後才成立的新興都市。即使古有以兵庫港為據點而繁榮的背景，但講到「神戶」的歷史，不過就是開港後的一百多年。神戶特殊的氣氛與特質，由以往居住在這裡的播州人、大阪人，以及從全國各地前來進行交易的人們，之後再加上來自國外的人、物、文化共同組合，醞釀出來。

或許像這樣，不受到歷史或人際關係的牽制，是因為有作為港都廣納外來事物的背景影響吧。在神戶存在著這樣的風氣，對於人、事、物，都秉持「來者不拒」的態度，一方面卻也有「去者不追」的精神。

「面對來者，無論是誰都輕易打招呼、握手，對於去者似乎也沒有不捨，揮揮手坦然說著下次再見唷。這樣的特質，說好聽的話是開放，難聽的話就是輕率不莊重的城市。」這是稱讚神戶的作家田邊聖子說的，不過，她話中「輕率不莊重」的意思是指對於外來的人、物沒什麼戒心，講得更極端就是「不在乎」吧。

他們有著與生俱來作為外來文化過濾者的基因，對於事物的真偽以嚴厲的眼光來判斷。不過，對於來者基本上都保持歡迎，相對地，面對去者也不窮追。關西人那種隨處可見的人情義理，跟這個開放的港都似乎不太搭調。

表面上看起來的感覺，講好聽是幹練俐落，不好聽就是不講人情，但這也是構成神戶特質的一環。

攤開歷史，自神戶開港後遭遇過各種不幸，從水災、空襲、地震等等，幾次甚至達到毀滅性的規模。在每回的災害中失去了什麼，又再次從零振作。此外，因為歷史不長，對於過去的堅持與執著也沒那麼多。戰爭一結束的黑市也是從神戶的三宮開始，針對泡沫經濟瓦解以及地震後面對轉變期的都市開發，也打出醫療產業都市構想的一條新路。

「神戶是個不回顧過去的都市。」

出生於神戶，寫過多數與神戶相關作品的作家陳舜臣這麼說過。態度上講究理性，帶點冷靜的灑脫，或許這是連神戶人自己都沒察覺到的特殊強項。

Kobe Rules

交通篇

購物篇

飲食篇

街景篇

語言．人際關係篇

生活百匯篇

潛規則37

以為全日本都有「神戶筆記本」

就跟「德連」（潛規則二十）一樣，還有另一個神戶人念小學時的回憶，那就是大家口中的「神戶筆記本」。這是位於長田區的一家關西筆記本股份有限公司生產的神戶原創筆記本。

當然，這並不是學校指定使用，但每間店裡都有一大疊。而且很多人買的時候壓根沒想到，除了大家使用的神戶筆記本之外其實還有其他選擇。此外，甚至有些神戶人堅信這是全國流通的品牌（？）。有一些原本愛用Japonica筆記本的轉學生，想起每次交作業時，「好像有種自己不合群的感覺。」

神戶筆記本依照學科、學年分門別類，有習字本、空白筆記等種類豐富，最棒的就是很有神戶風格的封面設計。以淺淺的粉紅色、綠色為底色，印上東遊園地、風見雞館、神戶港塔等神戶各個具有紀念性的地點照片（由兵庫區文具店的老闆拍攝）。不走過於花俏的路線，品味絕佳！這股懷舊氣氛也引起熱烈討論，而且在網購推波助攔下，廣受日本全國各地的喜愛。不過，問到當地人小時候真正的想法，多半是「感覺好單調，不喜歡」、「很希望快點升到高年級用一般筆記本」。

這原本是在戰後時學校希望讓孩子有好的筆記本可用，於是委託關西筆記本公司製作，排版設計也是雙方一起討論。才會訂出土生土長神戶人喜愛的設計。這個品牌的筆記本現在就跟Familiar的包包一樣，「（因為自己用過）也想讓孩子用用看」，成了延續代代的傳承。

潛規則38

忘不了「抹油」時的油臭味

Kobe Rules

「偏偏就在抹油日把體育服掉到地上，黏糊糊的……」

「一個不小心走太快結果滑倒，弄得身上黏糊糊！」

「被同學惡搞，整張桌子油膩膩(哭)。」

這些揮之不去的黏糊糊、油膩膩的苦澀回憶，全都是因為學校的「抹油」。

當然，這裡說的不是在章魚丸子烤盤上抹油！

抹油，是因應在室內仍以穿鞋為主的神戶學校，針對容易受損的地板所進行的維護作業。簡單來說就是「打蠟」。除了神戶，在關西、四國的公立學校也有這項作業。

「抹油」的說法似乎不太符合神戶的格調……不過，使用的正是百分之百油膩膩的油。作業的流程就是先灑在地板上，再用拖把將整個地板擦過一遍。

不過，學校裡的學生都正值最愛惡作劇以及缺乏注意力的年紀，因此就會出現一開頭的狀況：滑倒或是把衣服弄髒，回到家被媽媽罵；或是營養午餐掉到地上沒得吃，只能暗自哭泣，遇到這些狀況的神戶兒童不在少數。此外，抹油後的幾天內，整個學校都是油臭味，難聞得不得了。這段記憶不只是苦澀，還伴隨著陣陣臭味。

原本是因為這裡從戰前就有比較多的外國人，所以穿鞋進室內也成了一項傳統，但近年來因為方便打掃的好處，愈來愈多學校也採納這種作法。

就跟「神戶體操」一樣，抹油也逐漸走入歷史!?雖然不必擔心弄得黏糊糊、油膩膩，但似乎也有些不捨……

我的學校會抹油
雖然是在地板上打蠟，但是講「油」很貼切耶
還會被男生惡作劇，推倒跌到地上，弄得全身油膩膩的
怎麼這麼慘啊～
喔，我下午預約了泰式按摩～
做個油壓療程，順便排毒
衣服就麻煩你晾啦！
油壓…
現在是抹油在自己身上呀
開玩笑啦
哎唷
才不是這樣咧～你少亂講啦
啪～!!
好痛
神子展現了不輸大阪人的吐槽功力

潛規則39

震災之後的「Luminarie」記憶猶新

Kobe Rules

每到年底就會不經意想起……「想到地震發生後快一年了，忍不住掉眼淚。」「那個光線真是撫慰人心。」這就是對神戶人來說，走出地震陰影的「神戶Luminarie」。一九九五年一月十七日，發生了「阪神・淡路大地震」。從那一年的十二月起舉辦的這個活動，除了安撫罹難者的靈魂，也寄託重振神戶的希望。

Luminarie據說源自歐洲文藝復興時期，指的是「光線的雕刻裝飾」。每年到了活動期間的十二月上旬，從神戶市區的仲町大道到東遊園地這段區間，會有五顏六色的燈飾妝點整條迴廊。整個城市都亮著燈光。

過去當神戶還在重振過程中，出現在街道上燈飾藝術撫慰很多神戶人的心靈。因此，不斷有人要求持續，至今依舊每年定期舉辦。這幾年還有一輛輛遊覽車的遊客湧入，使得整個活動愈來愈偏向觀光性質，開始也有「其實可以結束了」的聲浪，但大規模的交通管制跟每年耶誕節前固定活動的形象，已經深植人心。

地震已經過去將近二十年，已經很少人會專程提起這件事，但神戶人談到當時仍心存餘悸。「我們家只是瓦片掉下來……但鄰居就很慘。」「從半山腰看到都市的夜景，一片火海（火災）好可怕啊。」東日本大地震發生後，也懷著推己及人的心情說：「這次更嚴重啊」。即使對過去不執著的神戶人而言，「一・一七」這一天仍是難以忘卻的。

潛規則40

勉強算是阪神虎球迷!?

Kobe Rules

「我老爸是老虎，老媽是巨人，我呢，小時候是西武獅迷，不過一朗在的時候是幫歐力士加油，現在算是阪神球迷吧。」

竟然有這種立場搖擺不定(?)的球迷！這種現象就出現在神戶。要是被「一輩子跟定老虎！」的大阪人聽到，大概會氣昏了吧，但這就是神戶打從明治維新之後不斷有各種人進入而形成的當地文化。連跟大阪人討厭的巨人隊球迷也能和平共處。在大阪的小學裡不可能看到有人戴著巨人隊的球帽，但在神戶就沒問題(反過來說，戴著阪神球帽卻支持歐力士的小男孩也不少)。

在加油的形式上也獨樹一格。如果沒有特別討厭大阪人或阪神電車，通常有人邀約「去甲子園吧！」時，就算不是球迷也會跟著去。既然活在六甲山旁，即使沒有進入阪神球迷後援會，也能哼上幾句阪神球隊隊歌「六甲颪」。不過，即使比賽贏了，倒也不會跟大阪球迷一樣在三宮的街上瘋狂慶祝。據說就連職業足球的地主隊「神戶勝利船(Vissel Kobe)」，其後援會會員都很少穿官方制服，至於神戶的阪神虎球迷當然也不會「從三宮就穿好制服前往球場！」因為多數人認為阪神老虎＝大阪的球團，就算在神戶有球場也沒什麼主場意識。

神戶人雖然會看太陽電視台&每日體育報，卻不會熱烈討論。頂多在老大哥(金本知憲選手)退休時默默落淚。這就是神戶作風的阪神老虎球迷!?

潛規則41

當初鈴木一朗在隊上時支持的是歐力士

「當年每個小孩至少會要求家裡帶自己去一次球場吧？」「可是我一直買不到票啊，從來沒去成。」「我老家還有一朗周邊商品耶！」這些是三十歲以上的神戶人，就算不是球迷也能大聊的主題。也就是鈴木一朗當年效力歐力士（藍浪（Blue Wave））時的話題。

一九九五年，發生阪神・淡路大地震的那一年，以神戶為主場的歐力士第一次獲得聯盟冠軍。球隊隊服的袖子上加了「加油KOBE」的布徽章。對於當時身在受災區的神戶居民來說，歐力士等於是重振的象徵，大夥兒對於熱愛的神戶，以及當作是自己的歐力士，不斷聲援，一同享受獲勝的喜悅。

幾天下來有四萬名觀眾聚集到神戶，每日體育報的頭版報導了歐力士奮戰的情景，其中最常被當作頭版人物的就是鈴木一朗。後來轉戰美國大聯盟也持續有出色表現的一朗，對神戶人來說始終很親近。

鈴木一朗並非出身神戶，但為什麼會讓神戶人有股親切感呢？原因就是球迷感受到一朗「愛神戶」的形象。到現在他在球季休息期間仍固定回到神戶，到「熱神戶球場」（Hotto Motto Field Kobe，舊名神戶綠地球場，是歐力士隊的主場）進行自主訓練。或許這只是符合一朗「維持固定習慣」的哲學，卻打中了熱愛神戶的神戶民眾之心。一朗每年依約（？）回來，就讓神戶人對他懷有這種親近的感情。

也因為這樣，就連平常不太表現追星心態的神戶人，對於「剛在三宮看到鈴木一朗去吃飯耶！」這類的目擊消息也感到有些驕傲（三宮的「牛屋 Tampei」就是因為一朗的光顧而有名）。

反過來說，神戶人對於運動選手、藝人，似乎倒不會特別只因為是地主隊或出身當地的理由就特別偏愛。

雖然很喜歡這個城市，但神戶人並不會單純接受「神戶出身→特別喜歡」的模式。這也表示在這塊土地上並沒有那麼重視血緣、地緣，但並不代表他們個性冷漠唷！

據說神戶是日本足球的發祥地
一九六六年在灘區的福住小學成立了日本第一支女子足球隊也是女子足球的起源
最近大展身手的女子足球「INAC神戶雌獅」
不折不扣!
金球獎!
二〇一二年再次完成女子聯盟優勝二連霸!
另一方面降格到J2的神戶勝利船是樂天三木谷社長經營的球隊
花枝~亂顫~
屬於同球隊的三浦知良(暱稱"阿知")常常出沒大丸神戶店的咖啡廳
在阪神大地震那一年成立期許自己成為重振的象徵以升上J1為目標!
此刻最受矚目的就是出身神戶市(垂水區)的香川真司!
BVB[7]
曼聯[8]
飛向全世界的神戶人!

潛規則42

有很多「日本首見」

Kobe Rules

在異人館街上看到丟在路邊的啤酒瓶、葡萄酒瓶，讓灘區的酒廠人員靈光乍現。「對呀！日本酒如果從酒樽改成用瓶裝來賣的話，更方便運送！」於是，就此產生了瓶裝日本酒的老祖宗。沒錯，看起來純正日本血統的一升瓶，其實也是跟西洋文化混血後的產物。只有在神戶這樣的環境下才會出現。

其他還有因為神戶開港才第一次進入日本的東西，多得不得了。

其中一項是電影。一八九三年，美國愛迪生發明了電影原型「Kinetoscope」（電影放映機），在芝加哥的世界博覽會公開，很快地在三年後就來到神戶。沒多久，就以「活動寫真」普及到日本全國。燙髮也是。一九二三（大正十二）年，住宿在神戶東方飯店的美國人安布烈帶了「permanent（讓頭髮定型）」的機器，使得該飯店的理容部人員首次學習到燙髮的技術。

足球、橄欖球、網球、棒球等近代運動都是從神戶開始往外普及。幕後推手就是一群居留地的外國人士，以現在的東遊園地為據點組成的運動團體——「Kobe Regatta & Athletic Club, KR & AC」。日本的第一座高爾夫球場就在神戶的六甲山。這是英國貿易商為了跟朋友一起打高爾夫球而建設，就是一直延續到現在的「神戶高爾夫俱樂部」。

另外像是咖啡廳、森巴、爵士樂、彈珠汽水、情人節……這些也都是全日本首見於神戶。真不愧是身為港都的好處！難怪整個城市跟居民都這麼洋派～

潛規則43

私立女校的時尚必備單品：Fami包

Kobe Rules

大學升學率全國第五名（兵庫縣。根據二〇一〇年文部科學省調查），表示這個地區的居民都很熱衷教育。要跟家有正值青春期公子、千金的神戶人交談，就少不了學校這個話題。

首先，從中學直升高中的三大私立男校，就是眾所周知的灘、甲陽學院、六甲。灘是由菊正宗、白鶴、櫻正宗這幾家日本酒業者一起成立的學校，過去大概是考不上神戶一中（現在的縣立神戶高校）才會來讀這所學校，但由於第一任校長「要讓灘成為日本第一的學校（超越一中）」的堅持（？）以及整個縣的學區制度改革的影響，現在灘不只是關西，更是全日本具有代表性的菁英私校。

甲陽學院同樣也是灘區的日本酒業者成立的學校，這兩間學校的共同點就是自由的校風。灘的中學部跟高中部都沒有制服，也沒有校規。甲陽學院雖然中學部有制服，但升上高中後服裝就自由了。至於歷史悠久的名門女校神戶女學院，也是從中學部就沒有制服。

相對地，前面提到三大男校的第三間，六甲，則規定必須穿制服。此外，下課時所有人要赤裸上半身做體操，還有掃廁所時全年不分季節只穿一條短褲等等，至今依然貫徹不太像神戶風格的嚴謹傳統。雖然有許多家長受到這股校風的吸引，送家中少爺就讀，但看看其他名門女校的反應，好像……不怎麼樣!?

話說回來，灘在獲得女生緣的指標上，如果跟注重時尚以及出身名門的甲南或關學（關西學院）的學生相較，略占下風!?每年灘跟甲南都會進行運動友誼賽，在體能、時尚、金錢（!?）這幾個左右男生搶手程度的指標上，灘都「討不了便宜」。唯一能贏過的只有學問這一項，因此灘的學生才會更在課業上下足工夫，這也是「灘的精神所在」。

此外，關心時尚程度的話，就少不了阪神間的名媛學校。一般來說，給人華麗（花俏）形象的是甲南女子（一般簡稱「南女」）、松蔭（女星南野陽子曾唸過這所學校。從那時就有她的後援會）。

這些神戶的私立女校必備的單品就是專製高級童裝的品牌「Familiar」的牛仔包，一般簡稱「Fami包」。一九九〇年代中期，流行雜誌「JJ」介紹過後掀起一股熱潮，甚至有的女校在書包之外還指定這個款式當作輔助的包包。前面提到的南野陽子，也是這個包包的愛用者，有些朋友更直接稱她「Fami醬」。價格雖然將近一萬圓，到現在仍廣受喜愛，消費者擁有同一家公司的安全別針及零錢包的機率也很高（即使長大成人，還是有很多人活用Familiar的媽媽包）。

終於談起比較有神戶風格的時尚話題。包含聰明程度也在內的話，受歡迎的私立直升學校，還有白陵、滝川、須磨學園（馬拉松很強）等。公立學校雖然是學區制，但神戶、長田可以雙雄之姿並列。

對了，要進入灘、甲陽這種名校，就一定得補習。就當地補習班來說，濱學園的師資很強。要跟神戶貴婦聊起入學測驗的話，就先得了解這附近的補習班狀況。

神戶女校制服圖鑑
神戶山手女子高等學校
水藍色的洋裝
還有以白色為底
的夏季制服
松蔭高等學校
夏季制服是
純白色洋裝
神戶星海女子學院高等學校
吊帶裙很可愛
甲南女子高等學校
傳統的水手服
Fami 包
牛仔布料
刺繡
童裝廠商 Familiar 的牛仔包，
廣受女學生喜愛，
當作書包之外的另一個提包。
＊裙子基本上都比較長。
除了 Familiar 之外，
還有制服會跟 Koshino Junko、
BEAMS 等品牌合作，
也是神戶才有的現象！

潛規則44

說到「神大(Shin Dai)」
就是神戶大學，
「關學(Kan Gaku)」
就是關西學院

聽到「Shin Dai」會想到「信州大學？」的人實在狀況外。如果看到「神大」兩個字立刻聯想到「神奈川大學？」立刻被抓包是個關東人。在神戶，講到「神大」，除了神戶第一聰明的神戶大學之外，別無分號。

水準之高自然不在話下，但神大的另一個賣點就是校園的海拔高度。位於台地的鶴甲第二校區的發達科學學院，就在六甲纜車的下方，美麗的夜景是全大學第一名！而且降雪量也是第一名！遇到山豬的頻率也是第一名……大概是。

由於整個校園都在六甲山的山腰，除了上下學之外，在校區裡或校區之間移動時爬樓梯或上下坡都在所難免（還有一處坡道的名字叫「定年坂」，意思是爬不上去就要退休了……（日文裡「定年」的意思指「退休」））。到了畢業時想必除了腦袋之外，腿力也精進不少!?

最近因為「iPS細胞」而獲得諾貝爾獎的山中伸彌教授，他的母校神大也獲得全日本矚目（在斯德哥爾摩舉辦的諾貝爾獎頒獎晚宴上，使用了神戶酒心館的清酒「福壽」），其實神大是日本第一個成立經營管理學院的學校，也是國立大學裡第一個開設MBA課程的，果然符合神戶有許多日本首創的風格。

不過，雖然是個腦袋很聰明的大學，在時尚程度上無論男女都比鄰近的私立大學略遜一籌。因此，在電車上要是旁邊有甲南大跟神大的男生，一眼就能區分出來；至於學校距離很近的神戶松蔭女子學院跟神大的女生，只要在一百公尺外就能分辨（沒禮貌！）……經常有人這樣揶揄。實際上，如果想找人共乘計程車搭到學校時，可以依靠外表迅速辨識且不容易找錯對象，一旦發現「快遲到！」時，還滿方便的，這也算是好處……吧!?

另外，在神戶（關西）講到「關學」，指的是關西學院。曾在小說《阪急電車》出現過，是一所令人嚮往的大學，無論是位於台地的校園，或是在校的學生，感覺都很有品味。過去還有「關西慶應」之稱，尤其關學的男生在神戶女生之間更是大受歡迎！不過，在關東卻意外地沒沒無名……。講到「關學」還會被誤以為是「關東學院」，令人沮喪（對關東學院太沒禮貌了吧！），這些也是關學男生在關東會遭遇的大小事。

此外，關西學院屬於「關關同立」（關西大學、關西學院大學、同志社大學、立命館大學）的團體，但經常會被誤以為是關西大學，或被與之相較，這一點也很令人受不了……這是因為對象是大阪的大學嗎？

我叫六甲隆 進入東京的公司工作 今天第一次跟 同梯的同事小酌
欸— 你是神戶出身嗎？ 大學唸哪一所？
當地？
驕傲
關學。
當地的學校
哦？關東學院耶！
不是啦！ 是關西學院
澄清
哦哦～
Kansai 學院啊
對吧
不是——!!
KAN SEI
激動
是學院啦!!
咦？ 唸法不一樣啊？？
我知道唷～
是關關同立對吧!?
本來正確寫法應該是「Kwansei」，
嚴格說起來是關Kwan同立才對…
驕傲
可以吐槽他嗎？
不知道他是認真還是裝傻 感覺好半吊子…
真是個麻煩的傢伙

潛規則45

懷舊遊樂園
陸續關閉真可惜

Kobe Rules

神戶・阪神間有好幾處遊樂園都關閉了，真可惜。這是因為受到少子化現象逐漸嚴重，加上阪神・淡路大地震以及日本環球影城（USJ）開幕的影響，不過，對於有點年紀的神戶在地人來說，不少人會感到不捨：「小時候經常去的啊～」

首先在神戶市區有二〇〇六年歇業的神戶港島樂園（Kobe Portopia Land）。這裡原先是「PORTOPIA '81博覽會」的部分設施，規模大概只有富士急樂園的十分之一，是個讓人感覺「好迷你！」的遊樂園，卻充滿神戶的風格。位於東灘區的六甲島AOIA曾擁有日本最大的滑水道，找來諧星「鴕鳥俱樂部」拍攝的廣告也有很熱烈的迴響，但地震後仍免不了歇業的命運。位在阪神間，以白老虎及展示阪神電鐵車廂「電車館」為號召的寶塚Family Land，在二〇〇三年歇業。同一年，甲子園球場旁邊的甲子園阪神樂園也關閉了。當年園內有豹（爸爸）跟獅子（媽媽）生下的「豹獅」，因為數量稀少，甚至造成全球性的熱烈討論（？），此外夏天有豪華戲水池，冬天有溜冰，園內設施應有盡有，平常也有很多小學生會到這裡寫生，讓民眾很有親切感。

目前最多人熟知的休閒設施就是須磨海濱水族園（這也是日本第一座管狀的水中隧道），以及從入口就接受火雞臭味洗禮的王子動物園，然而，這個地方還是令人感覺到已經沒有遊樂園的失落感……因此，雖然對東京沒有絲毫憧憬，偶爾還是會想：「好想去東京迪士尼看看！」

潛規則46

縱走六甲山正夯！

Kobe Rules

神戶是面對大海的城市。然而，這個地方的海水浴場很少。過去甲子園海岸、香櫨園海岸、蘆屋海岸等在阪神間的海水浴場，後來都因為沿岸地區的開發而關閉。這也是港灣都市神戶必須面對的現實。至於現存在阪神間最大規模的須磨海水浴場，神戶人似乎沒那麼常去，認為那是「大阪人常去的地方吧？」

於是，對神戶人來說，日常的休閒地點反而是山區。從小就很熟悉的遠足聖地六甲山牧場，還有六甲高山植物園所在的六甲山，都是休閒勝地，近年來也吸引愈來愈多的登山客。尤其由市政府主辦的「KOBE六甲全山縱走大會」，搶手的程度更是得一大早到窗口排隊，否則根本拿不到報名資料。路線從西側的須磨到東側的寶塚，全程約五十六公里。為了避免人潮壅塞，每次只限兩千人報名。

從過去日本傳統的為信仰朝山轉變為西方式的休閒登山，最初也是從神戶開始。一開始是開港之後，來到這裡的外國人把登上六甲山當作運動，接著在一九二四年，神戶登山界率先成立了「Rock Climbing Club（RCC，攀岩俱樂部）」。促成的推手正是寫下日本第一本攀岩技術書籍《攀岩術》的藤木九三，目的就是推廣登山運動。

此外，據說在登山運動發祥地神戶，也有愈來愈多「登山女孩」，畢竟六甲山脈如此廣闊。不過，要是登山是為了把妹，有可能只會碰到山豬哦……開玩笑的。

潛規則47

少不了神戶新聞&太陽電視台

Kobe Rules

只要有阪神老虎隊的比賽，絕對會實況轉播整場賽事；代言的吉祥物叫「Oh!-Sun」（將太陽擬人化成長鬍子戴眼鏡的歐吉桑）；另外，還散發出一股濃濃的大阪氣息……不過，「太陽電視台」卻不折不扣是一間神戶的地方電視台。對了，這其實也是日本第一間「完整現場實況轉播職棒賽事」的電視台，這一點總算比較符合凡事首創的神戶了吧!?

事業集團旗下的報紙是地方報「神戶新聞」。名稱雖然叫「神戶」，內容卻涵蓋整個兵庫縣，因此特色就是地方版的內容豐富。包括但馬、丹波、西播、北播、東播、姬路、淡路、明石、三木、三田、阪神、神戶市等，地方版的數量是日本全國各報中第一名。此外，戰後隨即發行獨立晚報，也是關西首創的體育報（每日體育報），在某方面也具備「神戶風格」。

不僅如此，神戶新聞的特色還有一點，就是打從一八九八年創刊以來，保持著從未休刊的傳統。就連阪神・淡路大地震之際，舊總部（現在為M-INT KOBE的神戶新聞會館大樓）建築幾乎全毀，仍接受京都新聞的技術支援，持續發刊。這段經過還集結成書籍《神戶新聞的一百天》，更改編拍成連續劇。實際上真的有像主角櫻井翔這麼帥的記者嗎……？不過，想要了解震災當時的神戶，這是一本很適合的書。

想要了解兵庫的多樣性&在地大小事，就一定要看神戶新聞！當然，如果上班地點在大阪，也別忘了看看太陽電視台跟每日體育報，掌握最新的阪神老虎隊消息！

潛規則48

能夠正確和聲唱出「朝向有馬兵衛的向陽閣～」、「關西、電氣保安協會」

Kobe Rules

有馬溫泉，日本三大溫泉之一，也是日本最古老的溫泉，更是太閤秀吉喜愛的溫泉（秀吉同時也是重振被大火化為焦土的有馬溫泉之大恩人）。

不過聽到「有馬溫泉」時，神戶人並不是想到悠久正統的歷史，反倒先反射性在腦中響起有馬溫泉老字號旅館「兵衛向陽閣」的電視廣告主題曲。「朝向有馬兵衛的向陽閣～」朗朗上口又令人印象深刻的旋律，只要是關西人，每個人都會唱。這麼說來，當然是出自「關西莫札特」作曲家木田太良的手筆。講到木田太良創作的廣告主題曲，特色就是帶著濃濃大阪風味，但其實他是出身寶塚，畢業於關學。有馬溫泉之所以成為知名的神戶溫泉，「恩人」不只秀吉，應該還要加上木田老師。

另一個雖然不是主題曲，但因為米粉而有名的健民食品（一九五〇年創立於神戶）廣告也令人印象深刻。在昏暗的小巷子裡，一對蹲在地上的小兄妹，眼光黯淡，低聲喃喃：「媽媽，健民的炒米粉，不要加青椒啊。」陰森的台詞縈繞在耳邊揮之不去……。應該不少神戶人都有這段記憶。

此外，在電視節目「偵探！夜間大頭條」也曾介紹過關西大小事，其中有一項是「『關西電器保安協會』沒辦法不用唱的」。無論多帥氣的神戶人，只要請對方「說出『關西電器保安協會』」的話，一定忍不住用哼的，唱出該協會的廣告主題曲！有機會可以試試!?

潛規則49

母港・神戸

Kobe Rules

義大利有句諺語，「看過拿波里後，死而無憾」。不過，全世界的人還不認為，「看過神戶後，死而無憾」。

已故的神戶市長宮崎辰雄，促成PORTOPIA '81成功，以及大膽推動都市開發，獲得「株式會社神戶市」這個特別的稱號。他在自傳裡曾寫下前面一段話。他的意思是，相對於有大海圍繞，風光明媚的觀光勝地拿波里，神戶還在持續開發的階段。不過，市長的心願已經一步步達成。

最好的證明就是二〇一二年國際人才調查公司ECA國際發表了「全球最適合居住的城市」，日本唯一進入前十名的就是神戶。位居全球第五名，在亞洲僅次於新加坡。

的確。這個地方的魅力是居住之後就能實際體會到。

「無論外地來的人或是外國人，都受到歡迎，很快就能在這裡安定下來，不知不覺就在這個地方度過一生。就是這麼令人安心。」

作家田邊聖子曾這樣形容神戶有多麼適合居住，簡直太貼切了。

面對大海展開雙臂的開放性，背後坐擁蒼翠的山林。夾在山海中間的城市，在異國情調中帶著活力，就連這狹窄的空間也令人心曠神怡，就像「自家庭院」一般。在城市中流動著悠閒的空氣，瀨戶內海沿岸的氣候也十分穩定。神戶人對於「再也沒有比神戶更適合居住的地方」引以為傲，雖然不甘心(?)，但連大阪人、京都人，以及東京人也不得不承認這一點。

而神戶人就是生活在這股悠閒氣氛之中。天性自由奔放，不拘小節，大方穩重，樂觀開朗，不愛比較，不做羨慕別人或自虐式的行為。這也是因為對自己的城市抱持堅定自信，才能保持如此泰然。跟無論好壞總之背負沉重傳統的京都，以及刻意裝得兇狠來掩飾與東京抗衡的大阪，都有一線之隔。

因此，看起來競爭心與執著也很淡薄……但這也無可厚非！因為他們不打算與其他人競爭，也沒那個必要。神戶就是這樣的城市。包含經歷過各種災害，手牽手邁向重生的背景，讓這裡成為理性&自我&不拘泥的城市，具備了獨特的溫暖與堅強。

即使當年地震發生，多數神戶人仍從來沒離開過這個城市……。

是的。日本「港口」雖然很多，但對神戶人來說，「母港」始終只有神戶。

我剛到神戶的時候
覺得神戶人
帥氣又時尚
氣質都好特別哦
山頂上的鮮花
坦白說
也有一種讓其他
外地來的人
很難親近的印象
住下來之後
發現這個地方
多采多姿
而且比想像中
來得溫暖…
德連
橘子果凍
…真好
像這樣
一整天看著外頭也不錯
…神戶真好
還好當初在這裡買了房子
嗯
神戶真的很棒
住了之後就能懂得
這個地方有多可愛…
現在
我的母港只有
神子…喔，不，
是神戶！

註釋

1. 日文原文為コープさん。
2. 消費協同組合，類似台灣的消費合作社。
3. 日文原文的「さん」。
4. 指歐美等地外國人士居住的西式建築。
5. 日文原文為「啟蒙かまぼこ新聞」。
6. 全名為Yokohama new tradition。
7. Ballspiel-Verein Borussia，德國的多特蒙德足球俱樂部。
8. Manchester United，英國的曼徹斯特聯足球俱樂部。

參考文獻

《神戶物語》陳舜臣著　平凡社Library
《創造神戶》宮崎辰雄著　河出書房新社
《神戶學》崎山昌廣監修　神戶新聞綜合出版中心
《阪急電車青春物語》橋本雅夫著　草思社
《縣民性的日本地圖》武光誠著 文春新書
《神戶今昔散步》原島廣至著　中經文庫
《神戶新聞的一百天》神戶新聞社著 角川Sophia文庫

《截然不同的京都人、大阪人與神戶人》丹波元著 PHP文庫
《灘校 為何能保持「日本第一」》橘木俊詔著 光文社新書
《歲月車票》田邊聖子著 集英社文庫
《縣民性漫畫 我家是什麼樣》Mogura著 飛鳥新社
《好看，好玩，關西走透透》Mogura著 JTB Publishing
《兵庫縣解謎散步》大國正美編著 新人物文庫
《兵庫的方言》橘幸男編著 神戶新聞綜合出版中心
《關西人百科圖鑑》關西潛規則研究會 PHP研究所
《關西人之謎》博學講究俱樂部編 KAWADE夢文庫
《阪急電車》有川浩著 幻冬舍文庫
《現代縣民氣質——全國縣民意識調查》NHK放送文化研究所編 NHK出版
《啟蒙魚板新聞》中島Ramo著 Village Press
《神戶在住》木村紺著 講談社Afternoon KC
《神戶果然不一樣》EI Mook

＊另外參考神戶新聞、全國報章、各公司及行政機關官方網頁，並且採訪與神戶、兵庫有淵源的各界人士之寶貴意見及想法，構成本書。由衷感謝各界協助。

國家圖書館出版品預行編目(CIP)資料

別傻了這才是神戶：夜景·六甲山·西式點心...49個不為人知的潛規則 / 都會生活研究專案著；葉韋利譯·——初版·——新北市：遠足文化，2016.08——（浮世繪；16）
譯自：神戸ルール
ISBN 978-986-93281-9-7（平裝）

1. 生活問題 2. 生活方式 3. 日本神戶市

542.5931 105011893

作者 都會生活研究專案
譯者 葉韋利
總編輯 郭昕詠
責任編輯 賴虹伶
編輯 王凱林、徐昉驊、陳柔君
通路行銷 何冠龍
封面設計 霧室
排版 健呈電腦排版股份有限公司

社長 郭重興
發行人兼
出版總監 曾大福
出版者 遠足文化事業股份有限公司
地址 231新北市新店區民權路108-2號9樓
電話 (02)2218-1417
傳真 (02)2218-1142
電郵 service@bookrep.com.tw
郵撥帳號 19504465
客服專線 0800-221-029
部落格 http://777walkers.blogspot.com/
網址 http://www.bookrep.com.tw
法律顧問 華洋法律事務所 蘇文生律師
印製 成陽印刷股份有限公司
電話 (02)2265-1491

初版一刷 西元2016年7月
Printed in Taiwan

浮世絵17——神戶
別傻了 這才是 神戶
夜景・六甲山・西式點心……
49個不為人知的潛規則